KLAUS P. FISCHER

AF282549

DER EINMALIGE MENSCH

oder

DIE AUSNAHME ALS REGEL

ZUR ANTHROPOLOGIE DER BERUFUNG

Impressum:

Der Einmalige Mensch oder die Ausnahme als Regel

Zur Anthropologie der Berufung

von Klaus P. Fischer

Herausgeber: Hans-Jürgen Sträter, Adlerbuch

Herstellung und Verlag: BoD – Books on Demand, Norderstedt

ISBN: 9783759705006

Ausgabe vom 15. Juli 2024

Weitere Bücher, die von Hans-Jürgen Sträter herausgegeben wurden:

Das Thema der vorliegenden Untersuchung meint in Kurzform: jeder Mensch ist vom biblischen Gott gerufen und berufen, eine liebende, zugleich liebenswert *einmalige* Person zu werden.

Diese Berufung wird umrisshaft erkennbar aus dem Verständnis der biblischen Schriften, unterbaut von Einsichten aus Theologie, Spiritualität, Philosophie und Humanwissenschaften.

Allerdings lebt diese Vision vom Menschen - trotz wichtiger Erkenntnisse jener Disziplinen - nur wenig im allgemeinen Bewusstsein und wird daher wenig gesucht. Wird sie ernst genommen, fordert sie eine *révision de vue* und, als Folge, eine *révision de vie*. Praktischer, leichter erscheint es vielen, *allgemeinen* Gesetzen, Ideen, Programmen, der *Majorität* Priorität zu geben, das Schicksal von Individuen jenen unterzuordnen.

Verantwortungsträger in Staat, Gesellschaft, Kirchen und geistlichen Gemeinschaften prägt die Gewohnheit, Einzelinteressen, Einzelschicksale der Macht und Kontrolle des Ganzen unterzuordnen und eine ´persönliche Berufung` als Illusion oder Flucht vor den Vorgaben der Autorität, der Institution zu deuten. Derlei Umdeutungen und Verfahrensweisen verkürzen jedoch die Realität der Schöpfung, sie verursachen nicht selten beträchtliches Leid. Schon die Sprache unterscheidet *wesentlich* oder *generell* von *un*wesentlich oder ´vereinzelt`, wobei diese Bezeichnungen die Qualifikation ´unwichtig` konnotieren.

Aber bei Licht betrachtet ist die *persönliche Berufung* eine *Realität von eigener Wahrheit,* verlangt Respekt, Wertschätzung, mehr noch: Ermutigung, den eigenen, besonderen Weg zu gehen, wenn und wo eine höhere Instanz und Berufung im Innersten sich meldet und durchhält. Es gehört Glaube, auch Hochachtung vor Menschen dazu, deren Ertasten des persönlichen Weges wahrzunehmen, zu achten, womöglich zu fördern. Fördern heißt, jemanden ermutigen, die ganz *persönliche Berufung,* die Gott ihm oder ihr schenkt, die vermutlich nur er/sie deutlich realisieren kann, auch anzunehmen und zur Reife zu bringen, damit diese Person ein Geschenk, ja eine Gnade für ihre Mitmenschen werden und sein kann.

Exemplarisch für einzigartige Berufung ist jene, die *Jesus* empfing (seine Taufe im Jordan!). Er musste sie für sich und andere klären mittels Prüfungen (Versuchungen) in der Wüste; er suchte die Einsamkeit, um sich seiner Berufung betend je neu zu vergewissern; sie brachte ihn gar in tödlichen Gegensatz zu Willen und Macht der religiös-politischen Instanzen: zur römischen Prokuratur und zum Hohen Rat.

Auch der Weg jener unbekannten jungen *Mirjam* zur Mutter des Messias und des christlichen Glaubens, ähnlich wie die Wandlung *Schauls* vom religiösen Terroristen zum Spitzentheologen der jungen Kirche und Völkermissionar *Paulus* sind exemplarisch für einmalig-unvergleichliche persönliche Berufungen.

Auf ihnen sind Christentum und Kirchen gebaut.

Es erscheint also angebracht, sich in die Eigenart der individuell-persönlichen *Berufung*, wie sie jede(n) trifft und treffen kann, zu vertiefen, ja sich vorab ihrer Existenz und scheuen Regung zu vergewissern.

Der erste Teil dieser Untersuchung skizziert Ungenügen und Untauglichkeit allgemeiner Normen für das individuelle Schicksal und die persönliche Berufung von Menschen.

Die Geschichte der Institutionen lässt sich deuten u.a. als Bemühen, mit Verschärfung von Normen, Regeln, durch Kontrolle der Lebensführung das Individuell-Besondere in den Griff zu bekommen und, wo nötig, es als Sonderfall weitgehend ´unschädlich` zu machen.

Der zweite Teil der Untersuchung will Phänomen und Gewicht der persönlichen Berufung aufschlüsseln und klären - im Wissen, dass das Intimste einer Seele, eines Geistes nur notdürftig auf einen Begriff zu bringen ist, dieser dennoch für eine annähernde Vergewisserung von der besonderen Berufung unverzichtbar bleibt.

Das geschieht auf den folgenden Seiten, die ein Spektrum literarischer, psychologischer, wissenschaftstheoretischer, philosophischer, theologischer und spiritueller Aspekte aufbieten und zusammenführen.

Sie wollen zum Verständnis des Phänomens *persönliche Berufung* verhelfen und es vertiefen. Der Verfasser hofft, dass der Gewinn an Klarheit und Verstehen die unvermeidliche "Anstrengung des Begriffs" aufzuwiegen vermag.

Ein kritischer Vergleich dieser Überlegungen und Einsichten mit anthropologischen Spitzenaussagen etwa in Buddhismus und fernöstlichem Denken überhaupt steht aus.

Hinweis: Eine frühere, anders intendierte Teil-Fassung nachfolgender Überlegungen findet sich in der aus Anlass der römischen Enzyklika "Amoris Laetitia" in 2017 erschienenen Studie des Verfassers mit dem Titel "Mensch-Gott-Kirche - Ein labiles Dreieck".

Heidelberg im Juni 2024   *Der Verfasser*

INHALT

Der Mensch vor dem Gesetz

Viele Menschen der modern-postmodernen Gesellschaft halten Distanz zu Gott - zu einem Gott mit dem Profil eines Gesetzgebers, dessen Gebote und Verbote - sagt man - "Maximalforderungen" stellen und Menschen nötigen, sich schuldig zu fühlen. Die Kirche vertrete ein einseitiges Menschenbild, flöße Menschen ein negatives Selbstbild ("Sünder") ein und schwäche so die Lebensenergie. Heutige Menschen setzen auf selbstbestimmte, statt fremdbestimmte Lebensgestaltung.

Kirchenvertreter wie nicht wenige Fromme empfinden solche Äußerungen als tendenziös, ja polemisch. Sie berufen sich auf den kirchlichen Kernauftrag: Menschen den Sinn ihres Lebens aufzuzeigen, der im Heilsangebot Gottes liege, konkret in Gottes Rechtfertigung, die er ihnen im Glauben an Jesus Christus (s. Röm 3,22) eröffne. Dafür brauche es allerdings ein offenes Herz und - Demut.

Dieses Anliegen kommt indes bei vielen Menschen nicht an. Viele, auch Christen vermögen kaum zu sagen, was Kirche ist und will.

Das ist kein Zufall. Zumal in der Neuzeit bis in die Gegenwart fühlten und fühlen sich viele vom Evangelium statt angezogen eher abgeschreckt.

In der Tat galt (und gilt nicht selten bis heute) in der römisch-katholischen Kirche lange Zeit ein Konzept, welches das Glaubensleben der getauften Christen vorrangig als System von Pflichten gegen Gott (im Kern die Zehn Gebote) darstellt, deren Erfüllung oder Verletzung Gegenstand des Examens beim Empfang des Bußsakramentes war und ist. Dieses Sakrament - und mit ihm die moralisch betonte Glaubensschulung - ist aber vielerorts in die Krise geraten. Das moralisch akzentuierte Gottesbild und das davon abgeleitete Bild vom verdorbenen, unwissenden, der Erziehung bedürftigen Menschen, in frühen Epochen volkspädagogisch akzeptabel, wird heute weithin abgelehnt.

Der heutige Mensch weiß und spürt: Traditioneller Moralismus und Rigorismus, auf tiefes Misstrauen gebaut, manchmal gar gesteigert bis zur Verachtung der "schwachen" Menschen, Ablehnung von Materie und Welt, Überbetonung von Autorität, Ordnung, Gehorsam, einhergehend nicht selten mit Gefühlskälte und Lieblosigkeit gegen die "schwachen" Menschen,[1] scharfe Distanzierung der *Geist*lichen von den *Welt*lichen durchzogen als Hauptströmung die Kirche jahrhundertelang und machten

---

[1] Siehe schon *A. Görres*, Pathologie des katholischen Christentums, in: *Arnold/Rahner*, Handbuch der Pastoraltheologie Bd. II/1 (Freiburg-Basel-Wien 1966), 277-343

sich nachdrücklich im Gemüt von Generationen fest, wo sie langlebige Aversionen erzeugten. Zwar weiß man, dass es Ausnahmen - Heilige - gab und gibt. Aber viele nehmen sie kaum als Vorbilder wahr: sie erscheinen den ´Normalverbrauchern` himmelhoch entrückt, etwa so, wie ein Super-Bergsteiger wie *Reinhold Messner* auf schlichte Freizeitwanderer wirkt.

Exemplarisch für die Problematik dürfte die tiefe Krise des Buß-sakramentes sein: jenes Sakramentes, das bis zum II. Vatikanischen Konzil als Schwergewicht katholisch frommer Praxis galt.

Traditionell wurde bei Handlungen, welche die - *Sünde* genannte - Verletzung einer der sogenannten Pflichten gegen Gott und den Nächsten bedeuten, zunächst der *objektive* Tatbestand (Art, Gewicht der Pflichtver-letzung) festgestellt, dann der *subjektive* Anteil des Sünders geprüft: ob er um das Gebot oder Verbot wusste, frei handelte, ob er unter innerem oder äußerem Druck stand, im Moment des Handelns voll zurechnungsfähig war, ob krank oder gesund, u.a.m.

Da man damit rechnete, dass für die meisten Christen die häufige Verletzung der *Gebote* den Normalfall darstellt, riet man zu oftmaligem Empfang des Bußsakramentes.

Positiv schärfte man ihnen ein, um weniger leicht zu sündigen, sollten sie sich um die (natürlichen und übernatürlichen) *Tugenden* bemühen.

Damit die "Beichtväter" sich in dem ausgeklügelten System von Tod-Sünden, schweren und lässlichen Sünden zurechtfänden, erschienen moraltheologische Handbücher mit dem Anspruch, alle denkbaren Details einer sündigen Handlung sowie der Disposition des Sünders zu erfassen und so das richterliche Urteil des "Beichtvaters" zu schärfen (Kasuistik). Das Gewissen des "Beichtvaters" durfte ebenso wenig den Ausschlag geben wie das Gewissen des Sünders selbst (daher die Abwehr einer als "Situations-Ethik" bekannt gewordenen Strömung).[2]

Widersprach ein individuelles *Gewissen* der von der Kirche vorgelegten göttlichen Norm, war es als "irrig" zu werten.

So wurde, volkspädagogisch motiviert, der biblische *Glaube* ausgelegt als *Unterwerfung* unter göttliche Gebote und Verbote, die Glaubens*praxis* gleichgesetzt mit einer Pflichten- und Tugendlehre.

Zudem äußert sich der Glaube der Bibel ja ´praxistauglich`: als Praxis von Zehn Geboten, ab der frühen Kirche zudem in Sätzen, zuerst in

---

[2] *H. Jone OFM Cap.,* Katholische Moraltheologie auf das Leben angewandt (Paderborn [18]1961), Vorwort

Taufbekenntnissen, später, als Ergebnis doktrinärer Konflikte, in den kirchlichen Glaubensbekenntnissen. Daraus erwuchs die - in Form von Katechismen konzentrierte - Glaubenslehre, die man als hinreichend durchdacht und geklärt ansah. Daher deutete man Verständnisprobleme in Glaubensdingen oft eng geführt als Glaubenszweifel. Gestand jemand, ihm leuchte diese oder jene von der Kirche vorgelegte Glaubenswahrheit trotz guten Willens nicht ein, wurde ein "Verstandesirrtum" attestiert, mit der Warnung, nicht in sündhaften Glaubensabfall abzugleiten. [3]
Um dieser Gefahr zu entgehen, solle man "häufig beten" (ebd).

Diese Engführung moralisierender Glaubenslehre irritierte und befremdete zahlreiche Menschen, die zwar eine *Frohe* Botschaft, Gott, Transzendenz suchten, aber wegen des ʹLabyrinthsʹ von Bedingungen und Hindernissen vor der Kirchtüre verharren.

Die Situation hat gewisse Ähnlichkeit mit *Franz Kafkas* Parabel "Vor dem Gesetz".

Für den schlichten "Mann vom Lande" war der Theologe oder Pfarrer nicht selten ein mächtiger Türhüter, der Zögern und Unsicherheit des Mannes durch Legen und Ausmalen immer höherer Schwellen und Bedingungen zu vermehren scheint, bis er dem durch Warten schon entkräfteten Alten erklärt, seine, des Hüters, Aufgabe habe schon immer darin bestanden, ihm, dem Gott-Sucher, Einlass zu gewähren - Einlass zum Sinn des Gesetzes: Leben mit Gott und durch Gott.

Eines der Urteile des "Mannes vom Lande" sagt, "die Kirche" halte Gesetze und Normen für wichtiger als Menschen, stigmatisiere jene, deren Lebensgang anders, im Widerspruch zu kirchlicher Moral verläuft, und missachte deren eigenes Gewissensurteil. Damit okkupiere die Kirche den Zugang zu Gott, binde ihn an ihre eigenen Konditionen. Ein verbreitetes *Gefühls*urteil.

Bekanntlich war dieser schon vor Jahrhunderten erhobene Vorwurf eine der Triebfedern für die Loslösung der reformatorischen Christen von der römischen Kirche, da sie in Haltung und Verlautbarungen damaliger Kirchenleitung keinen Zugang fanden zu einem *persönlich zugewandten*, gnädigen Gott.[4]

---

[3] *Jone* Nr. 157.3 u. Nr. 123

[4] Es gehört zur Tragik menschlichen Schicksals, dass nicht wenige damals beklagte *gravamina* verkleidet auch in alternativen Institutionen auftreten.

Davon geblieben ist oft heute noch eine Art kirchenamtlichen Umgangs mit Wiederverheiratet-Geschiedenen, die nicht selten anhaltenden Groll entfacht.

Das primär *moralische* Glaubens-Konzept litt und leidet an bedauerlicher Einseitigkeit: der Glaube der Menschen mutiert leicht zu einer *bürokratischen* Angelegenheit.

Legalistische Optik erkennt die *Individualität* des gläubigen Menschen vor allem in *Abweichungen* von den Geboten, sowie in der *Häufigkeit*, mit der sie geschehen - eine *quantitative* Optik.

Beispiel: So geschah es häufig im Blick auf Verfehlungen im Rahmen des Sechsten Gebotes.

Zwar wissen erfahrene Seelsorger: Menschen, die z.B. *geschieden und wieder-verheiratet* sind, verwickeln sich nicht selten in Unehrlichkeit, Selbstbetrug und Subjektivismus, was auch nicht-kirchlichen Eheberatern und Therapeuten bekannt ist. Das nötigt nachdenkliche Zeitgenossen - Christen wie Nicht-Christen - vor dem Menschlich-Allzu-Menschlichen zur Kunst der Unterscheidung: Berater, Beraterinnen benötigen ebenso viel Einfühlung wie Unerschrockenheit.

So wurde "Ehebruch" in der Kulturgeschichte nie als Bagatelle aufgefasst, sind ja Ehe und Kinder bis heute die Bestandsgarantien jeder Gesellschaft. Das alte jüdische Gesetz verhängte dafür die Todesstrafe (Lev 20,10).

Auch in der frühen Kirche verlautete, Unzüchtige und Ehebrecher werde Gott richten (Hebr 13,4; Jak 4,4). An der harten Sprache erkennt man, dass gescheiterte Ehen den jungen Gemeinden große Sorgen bereiteten, zumal sie wohl auch in Gemeinden eine weitere Scheidung: die zwischen Anhängern und Gegnern der Beteiligten, im Gefolge hatten. Da wurde oft der Lebensnerv berührt, was zu harten Reaktionen führte.

Allerdings lässt Jesus erkennen, dass ihm das Leid der Getrennten und darob Stigmatisierten nicht fremd ist. Dem Pharisäer, der Gott betend dankt, dass er nichts gemein habe mit Räubern, Betrügern, Ehebrechern und Zöllnern, spricht er die Erhörung durch Gott *ab* (Lk 18,10-14). Die von Gesetzes-Frommen beim Ehebruch ertappte Frau, Jesus zur Verurteilung überstellt, verurteilt er nicht, vielmehr ermutigt er sie zu einem Neu-Anfang (Joh 8,3-10). Der Samariterin, die nacheinander sechs Männer hatte, bietet er ohne Verurteilung "lebendiges Wasser" an (Joh 4,5-26).

Die behutsame Einstellung Jesu ist kaum denkbar ohne den bildkräftigen Rahmen des Bundes, der JHWH/GOTT mit Israel verbindet. Zahlreich sind die Anklagen der Propheten gegen Israel: dieses sei treulos seinem göttlichen Liebhaber, ja Gemahl gegenüber wie ein ehebrecherisches Weib, das ständig um andere Götter buhle; deshalb lasse Gott sich von ihm scheiden (Hos 1,2.6.9; 2,4.7; 3,1-5; 4,2; 7,4; Jes 57,3; Jer 3,1-13.20; 9,1; 13,26f; Ez 16; 23). Doch die Liebe des göttlichen Bräutigams ist nicht erloschen, nach Zorn-Ausbrüchen kehrt sie sich - ungewöhnlich bei ´modernen` Menschen (Jer 3,1) - der untreuen Frau wieder zu, bietet ihr verzeihend neue Geschenke und Prachtkleider an (Jes 54,4-10; 62,2-5; Jer 31,3-4; 33,10-11; Ez 16,59-63; Apk 21,2). Ihre Schuld, ihre Untreue sind nicht tödlich.

Dieses Ur-Symbol - JHWH`s nicht erlöschende Liebe - ist in Jesu Geist und Herz gegenwärtig.

Wie Erfahrung lehrt, gibt es kaum Trennungen zwischen menschlichen Lebenspartnern, die nicht mit Leiden und Schmerzen einhergehen.

Dieser Bereich birgt viele Tragödien mit Leid für Kinder, Eltern, nahe Angehörige. Das Empfinden, an schmerzlichen Entwicklungen leidende Menschen werde zuerst der moralische Maßstab (das "göttliche Gesetz") gelegt, steigert das gefühlte Leid bis zu Verzweiflung oder Trotz.

Das moralische Verdikt jedoch nährt sich häufig von einem *einseitigen Menschenbild*.

Die folgenden Überlegungen fragen, ob und wieweit allgemeine Normen und Gesetze Einzelschicksale erfassen. Darüber hat man sich im abendländischen Raum früh Gedanken gemacht.

Dabei regt sich eine *noch grundsätzlichere* Frage: Wie weit ist denn der menschliche Geist fähig, Gottes "Willen" normativ-eindeutig zu erfassen und auszulegen? Anders gefragt: Können als *göttlich* (an-)erkannte Gebote und Verbote absolut, zwingend gelten, die vom *menschlich-endlichen* Verstand nur in *endlich-begrenzter* Weise begriffen und ausgelegt werden können?

Denkt Gott in Form von Gesetzen?[5]

Wir entdecken hier ein vergleichbares Problem wie bei der Erforschung von Natur und Kosmos:
Berühmte Gelehrte in Vergangenheit und Gegenwart sehen die gesetzmäßige Ordnung der Welt, mathematisch-symbolisch darstellbar, als *Spiegel* des Schöpfers und seiner Intelligenz. Die *Schöpfung* sei ganz wesentlich mit der *Ordnung* der Welt identisch.
Ähnlich dachten schon altgriechische *Pythagoreer* und *Platon*. Für neuzeitliche Forscher - *Kepler, Galilei* - war das in mathematischer Sprache lesbare Buch der Natur eine göttliche Offenbarung *neben* der biblischen. Ähnlich dachte *Newton*. Und *Leibniz* konnte gar sagen, die Welt entstehe, wenn Gott rechne. Große Physiker des 20. Jahrhunderts (wie *Planck, Einstein, Wigner, Heisenberg, Weizsäcker*) gaben ihrem Staunen Ausdruck, dass der Kosmos in seinen unfasslichen Dimensionen für Menschen-Verstand offen, zugänglich ist, statt sich in Dunkel und Fremdheit zu entziehen.
Für *Einstein* ist das Erlebnis der "Begreiflichkeit" der Welt mit religiöser Erfahrung "verwandt", ja identisch. *Max Planck* sieht hinter der unfasslichen Dynamik des Kosmos einen intelligenten Geist, zugleich Urgrund aller Materie. Ein renommierter Astrophysiker von heute wie *Arnold Benz* äußert den Eindruck, "dass das ganze Universum vom Urknall bis heute mit seiner wunderbaren Entwicklung bis heute ein einziger, riesiger Fingerabdruck Gottes" sei.[6]
Hier gilt jedoch ein Vorbehalt: auch wenn gesetzmäßig formulierbare Erkenntnisse über die Natur eine Brücke zu Gott bilden mögen, tun sie es *nur begrenzt*. Mathematischer Verstand, wie den Menschen eigen, ist ein *Indiz für die Endlichkeit* ihres Verstandes.
Das liegt (nach *Kant*), an der *Zeit* als apriorische Anschauungsform des sinnlichen Rezeptiv-Vermögens.[7] Darüber hinaus ist (nach *Heidegger*) die

---

[5] Die folgenden 3 Kapitel sind breiter ausgeführt in meiner Studie ´Hörer des Wortes` - Abgrund und Geheimnis der Welt" (Berlin 2023)

[6] *A. Benz,* Das Universum - Wissen und Staunen (Bern 2019), 102

[7] Siehe *O. Becker,* Größe und Grenze der mathematischen Denkweise (Freiburg/ München 1959), 152ff; *H.Weyl,* Wissenschaft als symbolische Konstruktion des Menschen: Eranos-Jahrbuch 1948 (Zürich 1949), 387f; *C.F. von Weizsäcker,* Die Tragweite der Wissenschaft (Stuttgart ⁶1990), 133f.

Zeit nicht nur eine Grund-Form sinnlicher Wahrnehmung, sondern charakterisiert – als „Zeitlichkeit" – die ("existenziale") Grund*struktur* menschlichen Daseins überhaupt. Schon *Plotin* sieht die menschliche Seele zeitbildend: obwohl in das Vielfältige verstrickt, hat sie insoweit am Einen teil, dass die Zeitmodi Zukunft, Gegenwart, Vergangenheit nicht nur ein loses Neben- und Hintereinander bilden, sondern einen Zusammenhang, eine - obschon geteilte - Einheit.

Im Gegensatz dazu ist *der Ewige* ungeschieden Eins, Zeit übergreifende Gegenwart, die weder Vergangenheit noch Zukunft *außer sich* hat. Der eine, ewige Gott zählt und rechnet also nicht, er *bedarf* dessen *nicht*. Er überschaut gleichsam in einem ´Augenblick` alles zeitlich Gedehnte.[8] Umgekehrt ermöglicht und benötigt die dem Menschen eigene zeitliche Grundstruktur des Sich-selbst-Verstehens und des Erkennens das Zählen und Rechnen. Daher ist die mathematische Fassung der Welt-Erkenntnis Indiz für die raumzeitliche Gebrochenheit des erkennenden Geistes.[9] Das heißt: der erkennende Geist trägt, via Mathematik, auch seine *eigene* Zeitlichkeit in die Natur ein, die in dieser symbolischen, zeitlich gedehnten Form sich selber ja *nicht* weiß und sieht. Umgekehrt nimmt der forschende Menschengeist in der mathematisch-symbolisch erfassten Natur auch seine eigene raumzeitliche Gebundenheit wahr.

Diese betrifft auch die Gesetze. Ein „allwissender Intellekt" kann, wie *C.F. von Weizsäcker* erläutert, keinen Begriff für ein *Gesetz* haben, da ein Gesetz ja dazu dient, noch unbekannte Tatsachen von bekannten abzuleiten.[10] Formulierungen von Gesetzen sind Werke des endlichen Geistes.

---

[8] *Becker*, 158f

[9] *Becker*, 157-161. S.a. z.B. *R. Schaeffler*, Glaubensreflexion u. Wissenschaftslehre (Freiburg-Basel-Wien 1980), 154f

[10] Die Tragweite ..., 292.

Macht und Ohnmacht des endlichen Intellekts

Einem Mathematiker und Physiker stellt sich die menschliche Erkenntnis-Situation so dar, "dass es der freie, in Symbolen schaffende Geist ist, der sich in der Physik ein objektives Gerüst baut, auf das er die Mannigfaltigkeit der Phänomene ordnend bezieht. Es bedarf dazu keiner solchen von außen gelieferten Mittel wie Raum, Zeit und Substanz-Partikel: er nimmt alles aus sich selbst".[11]

Diese Sicht knüpft an *Heideggers* Beobachtung an, dass die Physik es nie mit "bloßen Tatsachen" zu tun hat, sondern diese immer schon einbezieht in ihren "mathematischen Entwurf der Natur selbst", in dessen Licht und Muster sie die Tatsachen findet, methodisch ordnet und umgrenzt. So stelle sich die Wissenschaft von der Natur dar als "vorgängiger Entwurf" ihrer (der Natur) "Seins-Verfassung".[12]

Zudem werde der forschende Menschengeist "getrieben ... von dem metaphysischen Glauben an die Realität der Außenwelt (neben den sich gleichartig der Glaube an die Realität des eigenen Ich, des fremden Du und Gottes stellt)".[13]

Zwar bestätigt der *Erfolg* dieser Methode, dass menschlicher Geist und Natur einander *entsprechen*.

Zurückhaltende Ausdrucksweise ist jedoch angebracht. Denn über "Entsprechung" hinaus ist nicht angebbar, *wie* die plurale, physikalisch-chemisch beschriebene Realität außerhalb oder *unabhängig* vom humanen Verstand „an sich" geartet sei. Wir sehen Aspekte der Natur vermittelt durch *unsere* Symbole (als *chemische* Verbindung, z.B. CO_2) und Kategorien (z.B. Ursache-Wirkung), die ja *als solche* der Natur nicht angehören. Zudem sind *Kausal*beziehungen nur denkbar in Raum und Zeit.

---

[11] *H. Weyl*, a.a.O. 413

[12] Sein und Zeit (Tübingen [15]1984),362f. Zustimmend *J.Meurers*, Metaphysik u. Naturwissenschaft (Darmstadt [2]1989), 40ff. Schon *Kant* dachte an ein vorgängiges "Prinzip der Form des Weltalls, das den Grund einer universalen Verknüpfung in sich enthält": so *R. Schaeffler*, Glaubensreflexion, 66

[13] *Weyl*, a.a.O., 419. Man erkennt, wie *Kants* transzendentalphilosophischer Ansatz namhaften Forschern des 20. Jahrhunderts als heuristisches Instrument naturwissenschaftlicher und allgemein menschlicher Welt-Deutung dient.

Wird, zum *Beispiel*, der sekündliche Masse-Verlust der Sonne (gemäß E = mc^2) mit 4,24·109 kg beziffert, sind diese Chiffren die des Geistes, nicht der Sonne, auch wenn sie die Abstrahlung der Sonne *bezeichnen* und fassbar machen.

Das erinnert an *Kants* Vergleich vom erkennenden Geist, der mit der Natur agiere im Modus „eines bestallten Richters, der die Zeugen nötigt, auf die Fragen zu antworten, die er ihnen vorlegt".[14]

Dieser leicht anmaßende Vergleich aus *Newtons* Zeit ist heute zu differenzieren.

Naturwissenschaft sah sich vor allem im 20. Jahrhundert von Phänomenen der Natur selbst genötigt, ihre Fragen anders zu stellen; auch unerwartete, ja unpassend erscheinende Antworten der Natur entgegenzunehmen.

Boëthius hatte formuliert, alles, was der Mensch erkennt, werde erkannt entsprechend Art und Fähigkeit des Erkennenden, dem jeweiligen Erkenntnisvermögen des Menschen gemäß,[15] ein Satz, den man heute bis in Theologie, Psychologie, Ethologie u.a.m. verallgemeinert.

Doch ist in die Aussagen von *Boethius* und *Kant* inzwischen gleichsam ´Fahrt` gekommen: Die primär statische (physisch-metaphysische) Betrachtung der Welt wurde im Sinne *Heraklits* ergänzt durch Betrachtungsweisen und Methoden, die es erlauben sollen, Bewegung und Veränderung der Dinge in sich und zueinander festzustellen. Sie erweitern die naturwissenschaftliche Vision.

Die Vorstellung eines starren Ursache-Wirkung-Gefüges der Natur ist heute verlassen für die Idee eines *universalen Wirkungs-Zusammenhangs*, dessen Maß-Struktur man beschreibt, ohne Sachverhalte stets "erklären" und nach starr-unveränderlichen Gesetzen festschreiben zu können.

Ein Gesetz (mit Anspruch der Notwendigkeit) ist *stricte dictu* kein Faktum der untersuchten Natur, sondern ein schlussfolgernder Akt: eine Zutat des Menschengeistes zu den empfangenen Fakten.[16]

---

[14] Kritik der reinen Vernunft, B XIII.

[15] *Omne enim, quod cognoscitur, non secundum sui vim, sed secundum cognos-centium potius comprehenditur facultatem*: De consolatione philosophiae / Trost der Philosophie V 4.p.

[16] So *J. Meurers*, Metaphysik u. Naturwissenschaft, 88-93, der auch an *Leibniz`* Monaden-Lehre erinnert (30f).

Verglichen mit der quantenphysikalisch erweiterten Kosmologie weist die klassische Physik nach *Galilei-Newton* eine eher statisch-objektivierende Betrachtungsweise auf.

In der Quantenphysik aber verliert ein Objekt seine eindeutige Zuordnung. Es ist Objekt nur noch in Wechselwirkung mit anderen Objekten: *komplementär*, heißt, nicht mehr eindeutig dieses, sondern ebenso gut jenes, je nach Betrachter und Messung.

Das gilt auch für das Weltall: es ist Vieles und als Vieles zugleich Eines.[17]

Was heißt das für die menschliche Erkenntnis, denkt man an deren Raum- und Zeitgebundenheit?

Für den Hausverstand hatte der Empirismus formuliert: "Alle Ereignisse erscheinen völlig lose und getrennt. Ein Ereignis folgt dem anderen; doch nie können wir irgendein Band zwischen ihnen beobachten. Sie erscheinen *vereint* (*conjoined*), jedoch niemals *verbunden* (*connected*)".[18]

Tatsächlich sehen wir aber ein Band zwischen einander folgenden Ereignissen, freilich nicht mit dem leiblichen, sondern mit dem geistigen Auge. Einander *folgende* Ereignisse können durch ein Band verknüpft sein, symbolisch fassbar etwa als Beschleunigung $v = a\,t$ oder als Entwicklung (z.B. Einzeller $\int \rightarrow$ *Vielzeller*). Das *symbolische* Band $\int$ knüpfen wir; die *Beziehung* = beobachten wir nicht, wir schauen sie geistig.

Das Band bewirkt aber noch mehr, etwas, das per Gewohnheit zumeist übersehen wird: es stellt die beobachteten, einander folgenden Ereignisse *fest*! Das Band selbst ist statisch, unbeweglich, stellt die Ereignisse kraft der geschauten *Beziehung* zwischen den Ereignissen *fest*! Im Band präsentieren sich die Ereignisse als eine - durch Zahlen und Symbole *fest*gehaltene - Folge von *Zuständen*! Bewegtes und Bewegung lassen sich zwar sinnlich registrieren, aber nicht unmittelbar *als* solche er*fassen*, be*greifen*, sie lassen sich nur greifen durch *Fest*stellung.

Das bedeutet: Bewegung, Veränderung, Entwicklung kann vom endlichen Geist nicht unmittelbar *als* solche begriffen, sondern nur durch *Fest*stellung (von mindestens zwei *Zuständen*!) erfasst, nur auf dem *Umweg* der *Fest*stellung - also nachträglich - *be*schrieben werden. Ereignisse folgen einer *Gesetzmäßigkeit*, die sich selbst *nicht ereignet*, sondern fest, unbewegt ist: sie ruht im Ver*stand* und in dessen *Schau* (griech. *theoría*).

---

[17] *C.F. von Weizsäcker*, Parmenides und die Quantentheorie, in: *H.-P. Dürr* (Hg), Physik und Transzendenz (Bern München-Wien ²1988), 248

[18] *D. Hume*, Enquiry concerning human understanding sect. VII part II

Der Sachverhalt erinnert an eine berühmte Formulierung von *Heinrich Hertz*:
Wir machen uns innere Scheinbilder oder Symbole der äußeren Gegenstände, und zwar machen wir sie von solcher Art, dass die denknotwendigen Folgen der Bilder stets wieder die Bilder seien von den naturnotwendigen Folgen der abgebildeten Gegenstände".
Doch sei es *„nicht nötig"*, dass die genannten Bilder *„irgendeine weitere Über- einstimmung mit den Dingen haben. In der Tat wissen wir auch nicht, haben auch kein Mittel, zu erfahren, ob unsere Vorstellungen von den Dingen mit jenen in irgend etwas anderem übereinstimmen, als allein in eben jener einen fundamenta- len Beziehung.*[19]
Diese "eine fundamentale Beziehung" ist als solche statisch, *fest* stehend.
Wo wir Dinge ver*stehen*, bringen wir sie zum Stehen!
Wir könnten auch sagen: wir müssen die jeweilige Bewegung von Körpern, Korpuskeln, Teilchen, Energieträgern usw. gleichsam anhalten, um ihre Beziehung - in unserem Erfahrungsraum bewegt sich ein jedes *relativ* zu einem anderen - feststellen zu können (auch um den Preis der Veränderung eines Quants). Das schließt statistische bzw. wahrscheinliche Aussagen ein.
Der zitierte "metaphysische Glaube an die Realität der Außenwelt" (fundiert nach *Hertz* zumindest "in eben jener einen fundamentalen Beziehung") bestätigt erkenntnistheoretisch die Gleichung des alten Denkers *Parmenides*: "dasselbe ist Denken und Sein".
Was Gesetz und Struktur heißt, ist Wissen, Information, worin forschender Geist und erscheinender Gegen*stand* (Natur) überein-kommen.[20]
Erkenntnis, Information *entsteht* zwar (im Augen-Blick) - und entstehend ereignet sich Übereinkunft von Sein und Denken -, doch entstanden *steht* sie *fest* (bis sie im Geist eines Lernenden neu *ent*steht).[21]
Diese Einsichten betreffen die naturwissenschaftlich erforschte Mikro-Welt und Makro-Welt.
Doch ist die weithin formalisierte Erkenntnis der Welt nicht die einzig wahre. Die von Menschen in ihren eigenen Dimensionen erlebte makroskopische bzw. mesokosmische Welt hat eigenes Recht!

---

[19] *H.Hertz*, Prinzipien der Mechanik, Zit. *W.Heisenberg*, Das Naturbild der heutigen Physik (Hamburg.1960), 112

[20] So der o.g. Beitrag *von Weizsäckers* über *Parmenides und Quantentheorie* (a.a.O.), 229-249

[21] Hier rühren wir an das Thema *Lernen durch Erinnerung* des Sklaven *Menon* in *Platons* gleichnamigem Dialog

Hier bleibt die Rede von *Wesen, Dasein,* von Existenz, *Form* usw., Betrachtungs- und Erlebnis-Weisen gültig, sie sind durch maß-strukturelle Beobachtungen nicht ersetzbar und *als solche* nicht auf Mikrophysik rückführbar. Hier geht zu Recht die Rede von *Substanz,* von Brot und Wein, *Gestalt,* von eidetischer Schau, vom *Wesen* der Dinge, von Wesenserkenntnis und Seins-Gehalt.[22]

Wie unentbehrlich auch die nicht-formalisierte Betrachtung für Naturwissenschaft ist, zeigt der anti-reduktionistische Zweig der Biologie, von älteren Forschern wie *von Uexküll, Portmann, Zoller* u.a. vertreten: die Bedeutung von *Gestalt, Schönheit,* ja des "Innenlebens" im Reich des Lebendigen, wo der Blick über physiko-chemische und evolutionäre Faktoren hinausgeht. "Selbstdarstellung" und Individualität eines Lebendigen gehen ineinander über. *Portmann* bemerkt - auf Basis seiner Forschungen an vielen Arten von Lebewesen (und mit Hinweis u.a. auf *Goethe*) -, dass diese über eine so bewundernswerte Fähigkeit der Selbstregulation verfügen, die ihre Eigenständigkeit ausmacht, dass ihnen in analogem Sinn ein "Selbst" zuerkannt werden müsse.[23]

Der alternative Blick schaut das Bleibende - z.B. Krokusse als Boten des Frühlings - mit naivem, aber auch künstlerischem Auge, indes ringsum "alles fließt", d.h. ständig neue, nie still stehende, stets neue ´letzte` Erkenntnisse analysierende, kompetitive Forschungszweige einander ablösen.[24]

Aber die *fließende* Welt *Heraklits,* der *Fluss als solcher,* der ja auch die Natur bestimmt, entzieht sich *Parmenides`* Denken, d.h. dem Denken des *logisch* denkenden, *fest*stellenden Geistes, und zwar so hartnäckig, dass Normalverstand sie leugnet oder wenigstens banalisiert! Das logisch vorgehende Denken ist ständig bemüht, dem, was sich ihm gezeigt *hat,* *nach*zukommen, und es erfasst, was steht oder ruht. So ist es geneigt, Veränderung als bloßen Schein, wenigstens als unerheblich, ja störend für *wahre* Erkenntnis zu werten - weil die Welt des Veränderlichen keine *bleibende* Erkenntnis liefert.

---

[22] Vgl. *E. Coreth,* Grundriss der Metaphysik (Innsbruck-Wien 1994); *J.B. Lotz,* Die eidetische Erfahrung der Wesenheit, in: Transzendentale Erfahrung (Freiburg-Basel-Wien 1978), 75-93

[23] *A. Portmann,* An den Grenzen des Wissens - Vom Beitrag der Biologie zu einem neuen Weltbild (TB Frankfurt/M. 1976), bes. 75-86

[24] *A. Portmann,* Alles fließt - Wege des Lebendigen (Freiburg-Basel-Wien 1967), 131-158

Die veränderliche Welt des Kleinmünzigen und Veränderlichen durchstreifen (schon nach alter Vorstellung) üble und schlechte Dinge. Deshalb suche *der Weise,* der Philosoph die Verähnlichung mit Gott: er kümmere sich nicht um das Konkret-Alltägliche: wer seine Nachbarn sind, wie sie leben, kaum ob sie Tiere sind oder Menschen; wohl aber studiere er, was *der Mensch überhaupt* ist, was seiner Natur zieme, was gerecht ist und fromm.[25]

Abendländischer Philosophie geht es früh um das Bleibende, *Unteilbare,* die *Natur* des Menschen.

---

[25] *Platon,* Theaitetos 174a-176a

Das Besondere und Vereinzelte als Problem für sittliche Normen

Diese Grundhaltung der klassischen Philosophie zu konkreten Phänomenen und Gestalt-Wandlungen bestimmt auch die Voraussetzungen der klassischen Ethik als allgemeine Disziplin.

Von *Parmenides* angeregt, suchte *Platon* das *Beständige, Immer-Seiende, Unveränderliche,* das *Wesen* in Dingen und Menschen zu erfassen: nur dieses war festzuhalten, versprach *bleibendes* Wissen, war lehr- und tradierbar; was fließt, entzieht sich jedoch eo ipso dem Griff und Be-Griff. So war *der Weise* angewiesen auf festhaltbare Erkenntnis (*eidos, idéa)*[26] von Menschenwelt und Natur. Nicht das Individuelle (als zufällig Eintretendes), sondern das Typische, Allgemeine war gültig, versprach Wissen, ermöglichte Überlieferung (Tradition), begründete *ethisches* Denken.[27] Ähnlich das Prinzip neuzeitlicher Naturwissenschaft.

Anders die fernöstliche Weisheit eines *Laotse*: das All-Eine (Tao) gewahren heiße die Vielen, die Gegensätze und ihre Einheit verstehen, aushalten; die Trennung, die Distinktion aber zurückstellen.

Altgriechisches metaphysisches Denken und Forschen ist dagegen penetrierend, will auf den Grund gelangen, sich ihn aneignen.

Allerdings bemerkten die Alten Griechen auch *Grenzen* des Denkens in Kategorien des Allgemeinen. Sie stießen auf Grenzen im Verhältnis des Staates zum Individuum, in der Anwendung allgemeiner, d.h. staatlicher Gesetze und Vorschriften auf individuelle Situationen und Schicksale. Noch vor den Philosophen machten die Tragödiendichter solche Grenzen offenkundig: beispielsweise kann ein Mensch *unwissentlich* und *unabsichtlich* gegen das Verbot der Tötung von Angehörigen (z.B. Eltern) verstoßen, darob den Geistern von Rache, Vergeltung, der Verfolgung ausgesetzt sein, wie *König Ödipus, faktisch* (ungewollt) schuldig, es in der gleichnamigen Tragödie an sich selbst erfahren muss. Es gibt Schicksale, die sich Gesetzen entziehen, weil diese dafür zu grob sind.

Ein Pionier der antiken Ethik wie *Aristoteles* erkannte dabei auch Grenzen des Wesens-Denkens zumal in der Ethik: es neigt zum Schematisieren, will den konkreten Fall - es geht um menschliche Schicksale! - ignorieren

---

[26] Der verbale Zusammenhang von *idéa, eidénai* (gr), *idem* bzw. *videre* (lat) und *wissen* (dt) ist kein Zufall

[27] S. a. *H. Heimsoeth,* Die sechs großen Themen der abendländischen Metaphysik (Darmstadt [6] 1974), 172f

oder vernachlässigen mit dem Ziel, ihn als *unwesentlich* beiseitezustellen. Dagegen lehnt sich jedoch das individuelle *Gespür für Gerechtigkeit* auf.

In der *Nikomachischen Ethik* arbeitet *Aristoteles* die Tugend der *Epikie* heraus, die sich müht, dem Sonderfall oder Ausnahmefall, welchen die allgemeine gesetzliche Regelung nicht vorsieht, nicht einkalkuliert, gerecht zu werden (im Sinne eines Sonder- oder Ausnahme-Rechts).

Auch Stoffe altgriechischer Tragödien bereiteten den Boden für derartige Überlegungen.

Das europäische Mittelalter lernte die Schriften des *Aristoteles* (wie seine Ethik) spät in Übersetzung kennen. Diese beeinflussten das Denken bedeutender Philosophen und Theologen der Zeit.

Auf ihrer Basis argumentieren *Albertus Magnus* und *Thomas von Aquin* mit der Instabilität und *Veränderlichkeit* menschlicher Lebensläufe, welche die Anwendung *allgemeiner*, d.h. fest stehender sittlicher Normen nicht selten problematisch macht. Vor den zeitlos-statischen Normen der Wesensethik treten biographische Einzel- und Sonderfälle gleichsam im Mikrobereich auf. *Individuelle* Schicksale sind mit *allgemeinen* Erkenntnissen und Ableitungen nur begrenzt fassbar.

Hier mag sich eine entfernte Analogie zeigen mit der Grenze eindeutiger Erkenntnis, wie sie aus *Heisenbergs* Unschärferelation hervorgeht: ein modernes Beispiel, wie die Natur gerade dort, wo es um das Kleine und Kleinste geht, dem menschlichen Erkenntnis-Instrumentarium die Grenze seiner ʹPassungʹ aufzeigt. Menschliche Erkenntnis ist makroskopisch, genauer "mesokosmisch" angelegt. Der Verhaltensforscher *Konrad Lorenz* sprach vorsichtig von "mehr oder weniger weit gehender *Analogie*" und erklärte sie als phylogenetisch bedingte Anpassung an einen dreidimensionalen Weltausschnitt.[28]

Das heißt: hoch auflösende Exaktheit menschlicher Erkenntnis ist *vom Ansatz her* nicht erwartbar. Eine weitere Bestätigung bietet z.B. die *Chaos-Theorie*: wir können uns die Wirkungs-Weise des sog. „Schmetterlings-Effektes" in chaotischen Systemen - die Rückkopplungseffekte von minimalen Veränderungen - nur ansatzweise vor-stellen, da unser Denkapparat auf lineares Denken geeicht ist. Das *nicht-linear* Veränderliche entzieht sich *im einzelnen* dem vor(aus)sehenden Zugriff.

Auch im Rahmen klassischer Metaphysik ist die Distanz zwischen menschlichem Erkenntnis-Apparat und objektiv-veränderlicher Wirklichkeit beachtlich.

---

[28] Nach *G. Vollmer*, Evolutionäre Erkenntnistheorie (Stuttgart-Berlin [7]1998), 4-56, der *Lorenz*ʹ Sicht prinzipiell teilt

Für das klassische Denken stehen *Idee* und *Wesen unveränderlich* in, ja *über* Raum und Zeit (wie schon die Metrik von *Heraklits* Welt-Feuer); sie bedürfen in Zeiten von Verwirrung und Chaos der Wiederentdeckung, um die gestörte, entartete Welt in die Ordnung zu bringen, d.h. zum Ursprung (Ur-Gesellschaft, Ur-Mensch).

Hier wirkt das *mythische* Weltbild fort.[29]

Für das qualitativ *Neue, Andere* von Geschichte und Evolution hat traditionelle Metaphysik keinen Sinn.[30]

Ein humorvolles Beispiel für ihr Scheitern liefert *St. Exupéry`s* Kleiner Prinz beim Besuch des fünften, winzigen Planetoiden. Dort trifft er auf den Laternenanzünder. Der muss jede Minute einmal die einzige Straßenlaterne anzünden und wieder löschen: Den Grund für die sonderbare, schweißtreibende Geschäftigkeit erklärt er mit der Anweisung, der er folgen müsse. "Da gibt es nichts zu begreifen (...) Die Anweisung ist eben die Anweisung. Guten Morgen! Und er löschte seine Laterne aus". Die Anweisung sei früher vernünftig gewesen, gibt er dann doch Auskunft, habe zwischen Morgen und Abend Arbeit und Erholung geregelt. Doch heute bestehe das Drama darin, dass die Anweisung nicht geändert wurde: "Der Planet dreht sich von Jahr zu Jahr schneller [d.h. dem Morgen folgt sogleich der Abend], doch die Anweisung hat sich nicht geändert!"

Die Instanz für die Anweisung an den Laternenanzünder lässt der Dichter im Dunkel, seine Aufmerksamkeit gilt der Anweisung selbst, die unberührt von allen Veränderungen fortbesteht, bis sie absurd und zu einem "schrecklichen Dienst" geworden ist.

Dem statisch ausgerichteten Denken, das Veränderungen als Störungen und Abweichungen auffasst, verwehren seine Voraussetzungen das *innere* Verständnis für qualitativ *Neues* in der *Geschichte* - etwa für das Neue und Einmalige der Epiphanie Gottes in Jesus Christus, für den "Kairós" im NT,

---

[29] Vgl. z.B. *M. Eliade,* Kosmos und Geschichte (TB Frankfurt/M. - Leipzig 1994). - Dass in dieser Epoche das *ptolemäische* Weltbild mit der Erde als Zentrum in Geltung war, ist kein Zufall. Den Unterschied zu heute ermisst, wer sich das grenzenlos in Raum und Zeit expandierende Weltall vor Augen hält.

[30] Diesen Unterschied betont nachdrücklich *G. Krüger,* Grundfragen der Philosophie (Frankfurt/M. [2] 1965), 41-44

ähnlich wie für die Appell-Funktion des "Nächsten" in christlicher Ethik.[31]
Die Differenz macht nochmals das Aperçu *Platons* klar: Philosophen sei "der Nächste (ὁ πλησίον) und der Nachbar, und was er macht, verborgen"; sie interessiere, was ein Mensch *an sich* sei, was "zur Mensch-Natur" gehöre (*Theaitetos* 174b).

---

[31] *M. Müller*, Erfahrung und Geschichte (Freiburg/Br. 1971), 68f. 251-260.- Bezeichnend für ungeschichtliches Denken in der Theologie die spontane Äußerung des päpstlichen Beraters *Sebastian Tromp* nach Eröffnung des 2. Vatikanischen Konzils: "Wir reden vom modernen Menschen: Aber den gibt es nicht!" Zitat bei *H. Küng*, Erkämpfte Freiheit - Erinnerungen (München-Zürich 2002), 363; vgl. ebd. 106.

Epikie (Angemessenheit) als Korrektiv

Von dieser Einstellung weicht die Lehre über *Epikie* (*aequitas*, Billigkeit) insofern ab, als sie das Eigenrecht des Einzelnen - des besonderen Nachbarn, des einzigartigen Mitmenschen - gegenüber dem Allgemeinen wahren will.

Zwar hat auch sie es schwer mit *geschichtlichen* Entwicklungen und Verwicklungen. Aber sie hat das *Kleine* (*tò mikrón*), *Besondere, Seltene, aus der Norm Fallende* im Blick, fasst es nicht sofort als gestört, verdorben oder unwichtig auf, sondern als etwas, das dem exklusiven Blick auf das Ganze, Allgemeine, das *Wesen* entgeht, und schreibt dieses Übersehen der Blickverengung des Auges zu, das vom Allgemeinen gebannt ist. Die Epikie-Lehre erkennt ein Defizit der Wesens-Ethik.

Die Epikie-Lehre orientiert sich an der Lebenserfahrung, konkret an dem nicht seltenen, sicheren Gefühl von Menschen, sie seien in gewissen Lebenslagen, gerade *weil* (nicht: obwohl) ein Gesetz, eine Norm auf sie angewandt wird, um die Gerechtigkeit betrogen. Epikie nimmt die Rechte einzelner Menschen und ihres individuellen 'Falles` gegen den Totalanspruch des Allgemeinen (der Wesens-Metaphysik) in Schutz, 'repariert` quasi das Wesensgesetz an Schwachstellen.

So ehrwürdig die Lehre der Epikie (Billigkeit) auch ist - für *Aristoteles*, *Albertus Magnus, Thomas von Aquin* eine echte Tugend oder sittliche Qualität[32] -, im umfangreichen katholischen Welt-Katechismus (1993) sucht man sie vergebens.

Thomas verweist darauf, dass die individuellen Verhaltensweisen und Situationen, auf welche die Normen gerichtet sind, unvorhersehbar variieren können, es deshalb kein Gesetz gibt, das nicht in irgendeinem Fall versagt, das heißt, diesen Einzelfall nicht vorhersieht, nicht trifft. Nach *Aristoteles* bezieht sich ein Gesetz oder eine Norm ja nur auf die Mehrheit der Fälle. Es gibt eine Minderheit von Fällen, welche die Norm nicht angemessen berücksichtigt. Hier ist oder wäre die starre Anwendung von Norm oder Gesetz nicht gerecht, ja sinnwidrig, denn diese sollen Gerechtigkeit und Gemeinwohl wahren und fördern (es gab und gibt Fälle, wo zB eine Unwahrheit Menschenleben rettet). In solchen Fällen, so *Thomas*, sei oder wäre es *malum* (böse, schlecht), die Norm zu befolgen; *gut* jedoch, den

---

[32] Nikomachische Ethik V, 10; Super Ethica 379-387; Summa Theologica I-II q. 96; II-II q. 120. - Das klassische Werk von *J. Messner*, Ethik (Innsbruck-Wien-München 1955) erwähnt Epikie nur marginal (S.272)

Wortlaut des Gesetzes außer Acht zu lassen und das zu befolgen, was der *Sinn* der Gerechtigkeit und das Gemeinwohl *hic et nunc* fordern.

Für *Albertus Magnus* ahmt *Epikie* den *Sinn* der normativen Gerechtigkeit nach, zwar nicht in diesem Fall), doch der Absicht nach. Sie wende die Absicht des Gesetzgebers, nämlich Förderung des Gerechtigkeit, auf Einzelfälle an, wo das Gesetz wegen seiner *allgemeinen* Fassung versagt.[33]

Albert traktiert die Epikie mehrfach und übergibt ihr Anliegen seinem Schüler *Thomas*.

Als Beispiel dient *Thomas*, wie seinem Lehrer, der Fall, dass normalerweise die Pflicht gilt, jemandem ein zur Aufbewahrung oder Leihe anvertrautes Gut auf dessen Verlangen zurückzugeben. Handelt es sich nun bei dem anvertrauten Gut z.B. um eine Waffe, widerspräche es dem Sinn der Gerechtigkeit, sie dem Eigentümer auch in einem Fall zurückzugeben, wo der sich in einem unkontrollierten Zustand befindet oder eine Gewalttat ankündigt. Eine *Ausnahme*situation aber kann die *allgemeine* Gerechtigkeitsnorm, den Normalfall vor Augen, nicht einbeziehen und nicht aussagen.

In einem Ausnahme-Fall (erklärt *Aristoteles*) müsse man so entscheiden, wie der Gesetzgeber entscheiden würde, wenn er von diesem Fall wüsste, oder wie er entschieden hätte, wenn er den Fall hätte voraussehen können. In Ausnahme-Fällen wird jemand, der/die wie jeder andere unter dem allgemeinen Anspruch der Gerechtigkeit steht, zum Gesetzgeber in eigener Sache: es wäre ein Widersinn zur gerechten Norm, d.h. *un*recht, dem Eigentümer in diesem untypischen (Ausnahme-) Fall die Waffe auszuhändigen.

Thomas merkt aber an, es müsse eine *Not*-Situation vorliegen (etwa Lebensgefahr), wo sofort entschieden und gehandelt werden muss; normalerweise sei es Sache der zuständigen Autorität, von der gesetzlichen Vorgabe zu dispensieren. Gilt unbestreitbar der Grundsatz "die Not unterliegt nicht dem Gesetz", ist auch gesagt: die Not-Situation wird von allgemeinen Normen nicht betroffen.

Zum Beispiel hat den Normalfall im Blick das 8. Gebot "Du sollst kein falsches Zeugnis geben!"

Einige Theologen halten das Gebot für absolut (ausnahmslos) gültig. Wer es dennoch bricht, untergrabe sündigend das lebenswichtige Vertrauen unter Menschen für Zusammenleben und Kooperation. Daher komme kein Gesetzgeber daran vorbei, Verstöße und angerichtete Schäden zu ahnden.

---

[33] Super Ethica p.379 + p. 380. Zit. n. *Albertus Magnus*, Ausgewählte Texte (Hg *A. Fries*, Darmstadt ²1987)

In Ausnahmefällen aber kann ein falsches Zeugnis Menschenleben retten, wenn z.B. jemand in seiner Wohnung einer unschuldigen Person Zuflucht gewährt, die wegen ihrer Rasse oder Religion von Staatsorganen, einem Mob, einem Mörder verfolgt wird und nur dann unversehrt bleibt, wenn ihre Beschützer auf Nachfrage verneinen, dass sie bei ihnen Zuflucht genießt. In Diktaturen waren und sind solche Fälle aktuell. Auch Maßnahmen von "Kirchenasyl" gehören dazu.

Allerdings behaupten etliche Theologen, Epikie gelte nur für den menschlichen, nicht für den göttlichen Gesetzgeber: Denn (so die Begründung) "das positiv göttliche Gesetz ist vom Herrn für alle Zeiten und Völker gegeben und im allgemeinen auch für jeden erfüllbar".[34]

Das Zitat setzt offenbar zivilisierte, politisch und ökonomisch friedliche Verhältnisse voraus.

Fragt man jedoch, ob Menschen in Lebenssituationen kommen können, die das "positive göttliche Gesetz" nicht vorsieht, antworten viele Theologen negativ.

Die Begründung (oder Unterstellung) hat diesen Tenor: *Epikie* ("Vollgerechtigkeit") ist auf *göttliche* Gesetze nicht anwendbar, da der göttliche Gesetzgeber oder Schöpfer, anders als ein Mensch, auch die unzähligen Einzel- und Sonderfälle in seinem Geist gegenwärtig hat und sie in den von ihm verfügten Normen von vornherein berücksichtigt. Gott fordere nichts Unmögliches. Was er in seinen Geboten den Menschen aufträgt, sei mit seiner Hilfe/Gnade erfüllbar, um die man ihn auch bitten dürfe und solle.[35] Aber Veränderliches, Wechselhaftes, Evolutives entrinnt zwangsläufig jedem Begriff.

Albert und *Thomas von Aquin* kennen die Differenz zwischen göttlichen und menschlichen Gesetzen. Die in den Zehn Geboten ausgedrückte Gerechtigkeit sei unwandelbar, erklären sie; *wandelbar,* veränderlich sei die Anwendbarkeit oder ´Passung`, die Frage also, welche Handlungen *situativ* als Mord, Ehebruch, Diebstahl usw. qualifizierbar und deklarierbar sind.[36]

Mit Berufung auf *Seneca* betont *Thomas von Aquin* zudem, Zusagen, Versprechungen einzuhalten sei jemand nur verpflichtet, wenn die

---

[34] *Mausbach/Ermecke*, Katholische Moraltheologie I (Münster 1954), 151

[35] Konzil von Trient, sess. VI Cap.11

[36] Summa Theol. I-II q. 100 a.8 ad 3; vgl. *Albert*, Super Ethica p. 383-384. 386; s.a. z.B. *Gründel, J.* Wandelbares und Unwandelbares in der Moraltheologie (Düsseldorf 1967), 98-114.

Weltsituation, die persönliche Situation in allem unverändert fortbesteht. Hat sie sich so verändert, dass sie das Versprechen substanziell tangiert, ist die es gebende Person nicht mehr gebunden.[37]

Albert zieht Beispiele aus der Bibel hinzu.

Jesus heilt einen Aussätzigen, obwohl diese Leute als von Gott gestraft (Num 12.9f; 2Sam 3,29), exkommuniziert (Lev 13,45f) und unberührbar galten. Jesus aber, ihn anrührend, heilt ihn (Mk 1, 40ff Par). Als Jesus den Unberührbaren berührt und so heilt, "übererfüllt er das Gesetz", da die genannten negativen Qualifikationen die Lebensordnung der Gesellschaft schützen wollen, Jesus mit der Heilung aber eben diesen *Sinn* der ausgrenzenden Normen erfüllt.

Ein anderes Beispiel ist *Mattatias*, Ahn der Makkabäer, der seine Leute anwies, auch am *Sabbat* zu den Waffen zu greifen, um sich und Gottes Recht zu verteidigen (1Makk 2,39ff). Er brach das Sabbatgebot genau zu dem Zweck, das heilige Recht und Leben des Bundesvolkes (gegen den Assimilierungsdruck der Seleukiden) zu retten oder wiederherzustellen. Stur-unbewegliche Beachtung des Sabbatgebotes hätte Tod gebracht, was den Sinn des Gebotes *ad absurdum* geführt hätte.

Auch Jesus erfüllte etliche Male nicht den Buchstaben, sondern den *Sinn* des Gesetzes.[38]

Albert zögert also nicht, *auch göttliche Gebote für nur begrenzt anwendbar* einzustufen und Ausnahmefälle, darunter biblische, namhaft zu machen. Ausdrücklich erklärt er, der sture, auf keine Ausnahmen erkennende Buchstabengehorsam sei falsch (*vitiosum*), nicht nur bei menschlichen, sondern *auch bei göttlichen* Gesetzen (*leges divinae*).

Zusätzlich zitiert er ein weiteres Beispiel aus *Aristoteles*: ein Patriot, der sich an die Frau eines Tyrannen heranmacht, um dessen Pläne zu erfahren und seine Heimat zu retten. Formal bricht er das sechste Gebot.

Albert setzt das *Aristoteles*-Beispiel in freie Parallele zur Tat *Simsons*, der *gegen* göttliches Verbot (Dtn 7,2ff; dazu 21,10ff) eine Philisterin freit, um in die Reihen der Philister einzudringen und sie zu bekämpfen (vgl. Ri 14-15).[39]

Albert deutet die Parallele nur an, führt sie nicht aus. Für die Bibel ist es Gott selbst, der *Simsons* Fremdheirat fügt, damit gegen sein eigenes Verbot

---

[37] Requiritur quod omnia immutata permaneant: Summa Theologiae II II q. 110 Resp. ad 5

[38] Super Ethica p. 381; Super Matth. 8,3

[39] Super Ethica I. 5 tr. 4 c. 1

verstößt, doch zu dem Zweck, die Reinheit des Bundesvolkes gegen das Fremdvolk der Philister zu wahren (Ri 14,4). Auch hier würde gelten: *Simson* bricht das Verbot dem Buchstaben nach, handelt aber in dessen Geist. Er tut es, nach Darstellung der Bibel, unter Führung Gottes, des Gesetzgebers, der hier selbst aufzeigt, dass der *Geist* seiner Gebote (auch der negativen!) über dem Buchstaben steht.

Nun geht es ja in dem von *Albert* und *Thomas* genannten Beispiel auch um den Bruch der Ehe des Tyrannen. Auch dessen Ehe ist - unabhängig davon, was der Tyrann mit oder ohne Wissen seiner Frau politisch-militärisch plant - in der Schöpfungsordnung eine Gabe Gottes, deren Zerstörung nach Jesu Wort der Schöpfer *nicht* will. *Albert* erwähnt *Aristoteles`* Beispiel zwei Mal und fügt beim zweiten Mal an, der Ehebrecher, der aus patriotischem Motiv in die Ehe des Tyrannen eindringt, werde nach *zivilem* Recht nicht bestraft (*civiliter non punitur*). Im Zusammenhang geht es aber um Epikie, die nach *Albert* auch für göttliche Gesetze gilt,[40] da es zu Fehlern führe, nur nach dem Buchstaben eines Gesetzes zu fragen, statt nach dessen *Geist*.

Vielleicht ist das Beispiel bei *Albert* nicht ganz zu Ende gedacht. Man kann situativ hier eine Güter- oder Werte-Kollision sehen: das zu respektierende Gut der Ehe des Tyrannen kollidiert mit dem Schutz-Gut Heimat des Ehebrechers. Man kann argumentieren, Respektierung der Ehe des Tyrannen unter allen Umständen, also ausnahmsloser Buchstaben-Gehorsam sei absurd, wenn der Preis der Verlust der Heimat, der Freiheit, vieler Menschenleben, gar des Volkes wäre. Nach dem "Prinzip der Doppelwirkung"[41] hätte *im konkreten Fall* die absolute Respektierung des Gebots "Du sollst nicht ehebrechen" neben dem Schutz der Tyrannen-Ehe die Wirkung, den Tyrannen ungestört, ohne Gegenwehr der Betroffenen seine Eroberungspläne verfolgen zu lassen. Es wäre absurd, dem Verbot zu gehorchen, die Frau eines anderen zu begehren, falls Ehebruch - etwa aus Zeitgründen - der einzige Weg wäre, ein viel größeres Übel zu verhindern. Zulassung des größeren Übels könnte hier *nicht der Sinn* der Wahrung von Gerechtigkeit und Gemeinwohl sein. So ist Gottes Verbot des Ehebruchs gültig, falls der Bruch nicht durch ein ver-

---

[40] Auch *Alphons von Liguori* wandte die Epikie nicht nur auf menschliche Gesetze, sondern auch auf das natürliche Sittengesetz an: *B. Häring,* Frei in Christus I (Freiburg-Basel-Wien 1989), 355f

[41] Dazu *P. Knauer,* Negative und affirmative Gebote, in: Handlungsnetze - Über das Grundprinzip der Ethik (Frankfurt/M. 2002), 76ff

gleichbar hohes Gut gerechtfertigt werden kann. Erfahrungsgemäß tritt ein solcher Fall nur ausnahmsweise auf.[42]

Ein vergleichbarer Fall ist der Tyrannen-Mord. Das 5. Gebot als negatives Gebot "Du sollst nicht morden" gilt vielen absolut. Die Verschwörer vom 20. Juli 1944 konnten - wegen ihres Treu-Eides auf den "Führer"- den Plan zu dessen Ermordung ethisch nur rechtfertigen mit dem Argument, das der biblische Hohepriester gegen Jesus vorbrachte: besser stirbt einer, als dass das ganze Volk zugrunde geht! (Joh 11,50; 18,14). Erhalt und Leben des Volkes, d.h. von Millionen anderer Menschenleben, dazu Ende des Weltkriegs erschienen den Attentätern als entsprechend hohes, ja höheres Gut als das Leben des Tyrannen.

---

[42] Die Kardinäle *Brandmüller, Burke, Caffarra und Meisner* meldeten unter Datum vom 19. September 2016 öffentlich Zweifel ("dubia") an der Lehre der päpstlichen Enzyklika "Amoris Laetitia" an u. rekurrierten u.a. auf eben jenes aristotelische Beispiel, mit der Variante "Geheimagent" (anstelle des Patrioten) und "Terrorist" (anstelle des Tyrannen). Mit Berufung auf Papst *Johannes Paul II.* und sein Rundschreiben "Veritatis Splendor" widersprechen sie *Aristoteles* und *Albertus Magnus*: die gute Absicht (Rettung des Vaterlands) verändere *nicht* das Wesen der "in sich schlechten", daher verbotenen Handlung (Ehebruch). Das Thema von Papst *Franziskus* ist *ethisch u. pastoral*.

Epikie bei Jesus

Das NT bietet weitere Beobachtungen zur Epikie, also von Aufmerksamkeit für Einzelschicksale. Von Frommen der Zeit für seinen aufgeschlossenen Umgang mit öffentlich bekannten Sündern gerügt, reagiert Jesus mit Gleichnissen wie dem vom Hirten und dessen hundert Schafen (Lk 15,1-7). Die 99 Schafe, die der Hirte bei Verlust eines einzelnen Schafes ja behält und für die er Sorge trägt, bilden den Normalfall, der Verlust des einen Schafs den Ausnahmefall. Als er die 99 in der Steppe zurücklässt, verletzt der Hirt seine Fürsorgepflicht: um dem Ausnahmefall des einen, verlaufenen Schafes gerecht zu werden, unterlässt er zeitweise den Schutz der 99 anderen. Aber in Wirklichkeit erfüllt er, ja ´über-erfüllt` seine Fürsorge-Pflicht für die ihm anvertrauten Schafe. Ähnlich in dem Alltags-Gleichnis von der Frau, die zehn Drachmen besitzt, aber eine verliert, jetzt ihre normalen Pflichten aussetzt, um das einzelne Geldstück zu suchen, bis sie es findet, und dann freudig ihre Nachbarinnen ruft, um den Fund zu feiern (Lk 15,8-10).

Die Pointe der zwei Gleichnisse wäre verfehlt, wollte man sagen, diese Leute - der Schafhirt, die Hausfrau - seien halt arme Leute gewesen, hätten den Verlust auch nur eines einzelnen Schafes oder Geldstücks nicht verkraftet. Das mag zutreffen. Doch Jesus erzählt die Gleichnisse, um verständlich zu machen, warum er für die Sammlung ganz Israels, für die er sich vom "Vater" berufen weiß, sich nicht konsequent nur an die gesetzestreuen Frommen des Bundesvolkes hält.

Abweichung von Regel und Normalität ist im dritten Gleichnis der Reihe noch gesteigert: während der ältere Sohn des Vaters im Haus bleibt und fromm seine Pflichten gegen Gott und Vater erfüllt, weicht der jüngere Sohn nicht nur ab von der Norm für Söhne (4. Gebot!), sondern entwickelt provozierende Energie, die Sohnes-Pflichten auf den Kopf zu stellen und den Vater zu verletzen, bis er fernab in Lebensgefahr gerät. Als er wieder Anschluss sucht, unterbricht der Vater, der ihn nie aus seiner Sorge geworfen hatte, den Normalbetrieb und beraumt ein Fest an, um den Sonderfall zu *heilen* (statt zu bestrafen), den sein jüngerer Sohn provoziert hatte (Lk 15,11-32).

Auf die Spitze treibt die Sorge um den Ausnahmefall das Gleichnis von den Arbeitern im Weinberg (Mt 20,1-16). Fürsorgliche Gerechtigkeit kümmert sich hier um Arbeiter, die nicht schon früh morgens gedungen wurden, da sie unverschuldet zu spät kamen, die aber zum Überleben auf Arbeit und Lohn angewiesen sind. Ein Umstand, ein widriges Geschick hatte verhindert, dass sie früher eingestellt wurden. Sie, die nur noch eine Stunde Arbeit leisten, benötigen den Taglohn nicht weniger als jene, welche die volle Tageslast und Hitze trugen. Ihnen zahlt der Gutsherr den gleichen

Taglohn. Hätte er die früher Gekommenen höher entlohnt als vereinbart, hätte er die Spätkommer bestraft, deren Missgeschick ignoriert. Ihnen wendet er Gerechtigkeit nach Art von Epikie zu.

Doch diese kann ein anderer Chef in einem weiteren Gleichnis dem dritten Knecht nicht erweisen, der das eine Talent vergrub, statt auch nur den Versuch zu machen, damit zu arbeiten (Mt 25,26-30).

Schließlich fordert der bekannte Gerichtstext (Mt 25,31-46) Anteilnahme der Christen an außergewöhnlichen Notsituationen von Mitmenschen. Sie können es nur, wenn sie die oft unverschuldete Ausnahmesituation von anderen erkennen und darauf *reagieren*, wo diese hungern, krank sind, in Haft oder fremd, obdachlos. Gleichgültig, ob die "ganz Geringen" ursprünglich Juden oder christliche Wandermissionare darstellen,[43] geht es offenkundig um Einzelne, deren Situation man wahrnehmen, für die man normale Pflichten unterbrechen, verschieben oder abwandeln soll - dem Appell gemäß, der vom Verhalten des Samariters im Gleichnis ausgeht (Lk 10,25-37). Die Pointe wird nur dann scharf, wenn man annimmt, der Samariter mache keinen Ausflug, sondern erledige mit der Reise eine geschäftliche oder familiäre Pflicht und verliere mit dem Verletzten ʾkostbareʾ Zeit für die Erfüllung *seiner* wichtigen Pflichten. *Gerechtigkeit für den Einzel-Fall* ist Jesu Anliegen.-

Flüchtige Lektüre kann denken, allgemeine Normen könnten Menschen nur selten treffen, da jede Situation anders, unvergleichbar sei. Gott könne keine allzeit gültige Normen setzen, nur situative Appelle (Situations-Ethik): "alles verstehen heißt alles verzeihen". Doch geh man allgemein davon aus, dass es ein durch allen geschichtlichen Wandel sich durchhaltendes, erkennbares Mensch-*Wesen* gbt, wie auch die *Tora* voraussetzt; also Normen, die aus dem *Wesen* des Menschen folgen ("du sollst *nicht ehebrechen, nicht stehlen, kein Falschzeugnis* geben"),[44] die auch *Schöpfer*-Normen für Menschen *als* Menschen sind und das Individuum primär *wesenhaft* beanspruchen.

---

[43] Zum ganzen Komplex vgl. *U. Luz*, Das Evangelium nach Matthäus (Mt 18-25) EKK I/3 (Zürich-Düsseldorf / Neukirchen-Vluyn 1997), 516-561

[44] Im Gespräch mit *J. Habermas* ließ *J. Ratzinger* mit Blick auf die Evolutions-theorie Zweifel erkennen, ob man heute noch aus der vernünftigen Ordnung der Natur Argumente für das Naturrecht gewinnen könne: *Habermas/Ratzinger*, Dialektik der Säkularisierung (Freiburg-Basel-Wien ⁶2006), 50f. Das Studium der Natur auf der Suche nach "moral-analogen" Verhaltensweisen hat jedoch Gewicht, wie Untersuchungen der *Lorenz*-Schule (*Eibl- Eibesfeld, Wickler*) mit wichtigen Differenzierungen der traditionellen Naturrechts-Ethik zeigen.

Allgemeine Normen: "endlicher" Wille Gottes ?

Bei In-Anspruch-Nahme metaphysischen Denkens gibt sich die Theologie zwar Rechenschaft über die Inkongruenz menschlicher Aussagen ´über` und von Gott: die von Jesus erflehte Einheit der Jünger und Christen, "so wie wir (Vater und Sohn) eins sind" (Joh 17,22), meine für die Jünger die Einheit der *Liebe*, wogegen die Einheit der göttlichen Personen eine Einheit der *Natur* sei.
Sind derart behelfsmäßige Distinktionen brauchbar?
Man denke an Jesu Ruf an seine Jüngerinnen/Jünger, vollkommen zu werden "wie euer Vater im Himmel vollkommen ist" (Mt 5,48). Zugleich gilt: Jede Ähnlichkeit zwischen Schöpfer und Geschöpf wird übertroffen von größerer *Unähnlichkeit* von beiden (IV. Laterankonzil 1215 Kap. 2).
Gilt das auch von der *Allgemeinheit* von Normen?
Ist etwa der Genesis-Spruch, der Mann verlasse Vater und Mutter, binde sich an seine Frau und werde mit ihr "ein Fleisch" (2,24), als "Gottes Wille" übersetzbar in eine absolute Norm?
Jesus zitiert den Vers, als Pharisäer die damals viel diskutierte Frage stellen, ob ein Mann seine Frau aus jedem Grund entlassen dürfe. Provozierend fügt er an, als Ehepaar seien Mann und Frau nicht mehr zwei, sondern *ein* Fleisch. Was Gott verbunden hat, soll ein Mensch nicht trennen (Mt 19,3-6).
Ist aus Jesu Bejahung der Schöpfer-Absicht die allgemeine *negative* Norm abzuleiten, Scheidung sei, weil Ehebruch, unter allen Umständen, daher "absolut" verwerflich, in keinem Fall zu rechtfertigen, Christen aber, die dem Verbot zuwider die Scheidung vom ursprünglichen Partner endgültig machen durch eine zweite Eheschließung, stünden, solange sie an diesem Zustand festhalten, objektiv in unlösbarem Widerspruch zu Gottes eindeutig-umfassendem Willen?
Man kann nochmals fragen nach der Unmittelbarkeit sogenannter göttlicher Gebote und Normen: sind deren Aussage und Anspruch unmittelbar von Gott oder sind sie in der Form, wie wir sie kennen, durch das Gitter des endlichen Geistes gebrochen, spiegeln also Gottes Willen nur begrenzt?
Achten wir auf biblische Details: Die biblische Formulierung "*ein* Fleisch" (hebr. "*basar æchad*") erinnert an das fundamentale biblische Bekenntnis zum "*einen* Gott" ("*Elohenu æchad*") und lässt in der (als "Fleisch" schwachen) Einheit der Ehe eine begrenzte Analogie zum Bekenntnis "Gott ist *einer*" anklingen.

Die Analogie klingt in "*œchad*" zwar an, wird aber übertroffen durch die größere Unvergleichbarkeit. Diese drückt sich u.a. darin aus, dass die Ehepartner "ein *Fleisch*" sind. Das besagt *biblisch* nicht "ein Leib", "ein Mensch" und Ähnliches. "Fleisch" im biblischen Begriff meint das schwach-hinfällige, ganz bedürftige Menschenwesen, das - einzeln und als Paar - göttlicher Gnade, Hilfe und Vergebung zuinnerst bedürftig ist und bleibt.

"*Fleisch*" in *dieser* Bedeutung ist Bezugspunkt der göttlichen Forderung, wie Mt 19,3-6 sie spiegelt.

Halten wir uns erneut vor Augen, welchen Gott wir meinen: den Gott Jesu, den Gott, von dem Jesus so unmittelbar-anschaulich spricht: den barmherzigen Vater, den auch um das letzte Schaf besorgten Hirten, den Schöpfer, der Sonne und Regen Guten wie Bösen spendet usw.

Jesus macht klar, dass er in *Gleichnissen* redet, in Bildern, Analogien, welche die Zuhörer nicht selten an Grenzen ihrer Fassungskraft bringen. Der Gott der Bibel offenbart sich zwar in Bildern und Gleichnissen und tritt gleichzeitig hinter ihnen in eine letzte Unfasslichkeit zurück.

Diese ist angedeutet in Jesu Wort "der Vater ist größer als ich" (Joh 14,28).

Im Blick auf Gottes *Gebote* spricht *John Henry Newman* daher von den "gebrochenen Strahlen des unteilbaren Gesetzes Gottes".[45]

Newman nennt das unteilbare *Gesetz* Gottes gebrochen, sobald es in den endlichen Menschengeist, sei es im Gewissen, sei es in explizit-verbaler Form, ausstrahlt.

Wie erinnerlich, betont *Carl Friedrich von Weizsäcker* als Physiker und Philosoph, der Begriff "Gesetz" sei auf einen allwissenden Geist nicht anwendbar: Gesetze dienten Menschen dazu, ein noch Unbekanntes von bekannten Zusammenhängen abzuleiten, ein noch unbekanntes Faktum vorherzusehen: *wenn* z.B. ein eben entdeckter Planet von erdähnlichen Dimensionen Wasser enthält, *so kann* er Spuren von Leben aufweisen (ohne Wasser keine Aminosäuren).

Bei *Sittengesetzen* verhält es sich nicht völlig anders als bei *Natur*gesetzen. Sittliche Normen sagen zwar nicht unmittelbar, was geschehen muss und

---

[45] Eingehende Analyse bei *E. Bischofberger*, Die sittlichen Voraussetzungen des Glaubens. Zur Fundamentalethik John Henry Newmans (Mainz 1974), 107-11; vgl. *Newman*, Entwurf einer Zustimmungslehre (dt. Mainz 1961), I Kap.5; II Kap.10 § 2. Schon *Thomas von Aquin* hatte eingeschränkt, die conscientia (das Gewissen) spiegle die Stimme Gottes nur „per scientiam", d.h. nach Wissen und Einsicht: De veritate 17,3, zit. bei *E. Schockenhoff*, Das umstrittene Gewissen (Mainz 1990), 87

wird, sondern was geschehen *soll*, weil sie die Freiheit von Menschen ansprechen. Der unmittelbare Zwang ist aufgehoben.

Dennoch üben ethische Gesetze, wo erkannt, über das Gewissen merklichen *Druck* auf Menschen aus und sind gesichert mittels Sanktionen: wer lügt, verändert sich selbst Richtung Unwahrhaftigkeit, erlebt bei Aufdeckung soziale Nachteile durch Belogene und Umfeld ("wer einmal lügt ...").

Vom göttlich-allwissenden Geist nimmt man an, dass er die *Natur*vorgänge zuinnerst kennt (auch solche statistischer Art), aber auch Inhalt und Realisierungs-Grad *ethischer Normen* weiß, samt den Schwierigkeiten, die Menschen im Leben damit haben (zB Gen 8,21; Ps 7,10; Röm 8,27).

Gott selbst ist über Gesetze erhaben. Normen sind Zielsetzungen für endliche Intelligenzen, bei denen *Sein* und *Sollen* nicht eins sind, sondern verschieden. Metaphysisch ausgedrückt liegt es daran, dass in Menschen *Sein* und *Wesen* zwar verbunden, aber nicht identisch sind. Gesetze leiten sich vom *Wesen* ab und zielen auf das *Sein*: dieses *soll* handelnd mit dem *Wesen* übereinkommen.

So sind Gottes *Gebote* für Menschen in deren Unsicherheit und Unruhe Orientierungshilfen.

Bedenkt man die unerhört komplexe, zudem *fließende* Wirklichkeit, Entwicklung, Geschichte, die Varietät und Spezifität so vieler Dinge in Welt und Leben, sind allgemeine Normen nur erste Entwürfe, Formen und Instrumente für den unkundigen Menschengeist, um die unüberschaubare Wirklichkeit notdürftig-vorläufig in eine einfache Ordnung zu bringen, welche hilft, Schritte zu wagen, sich zu orientieren. Das Schema "allgemeine Norm" trägt in die Welt der Dinge und Vorgänge die *schlichte* und vorläufige Unterscheidung *Allgemein - Einzeln/Konkret* ein. Solch elementare Unterscheidung ist eine Hilfe, um vor der Vielfalt der Wesen und Vorgänge einen ersten Stand zu finden: Gesetze, Normen als Geh-Hilfen in einer verwirrend komplexen, fließenden Welt.

Aber Gott denkt nicht, hat nicht nötig zu denken auf solche Art.

Jesus demonstriert es immer wieder neu, wenn er Menschen heilt oder rettet, die durch das Sieb von Gesetzen gefallen sind oder zu fallen drohen (Kranke, Behinderte, Ausgestoßene, Sünder), indem er sie heilt und ihnen Gottes Vergebung zuspricht.

Zwar liegt (daher verweist Jesus auf das mosaische Gesetz) Dingen und Menschen eine innere Ordnung zugrunde, die sich in formulierten Gesetzen und Normen zeigt. Doch sind sie zu grobe Werkzeuge für Vielfalt und Komplexität der Welt. Sie abstrahieren vom Reichtum der Vorgänge, Vor-

35

kommnisse, Schicksale und Wunder schon in der Natur,[46] aber nicht weniger im Menschenleben.

Grundsätzlich ist Gottes Wille im Bezug auf Leben und Handeln jedes Menschen *absolut*. Aber *absolut* ist Gottes Wille nur *in* Gott selbst. Wenn sich Gottes Wille in menschliches Denken oder Verstehen ´entäußert`, nimmt er die Form eines - verbindlichen - Gesetzes an, mit der groben Fassung einer *allgemeinen* Weisung, die *als solche* die Vielfalt des Lebendigen und seiner ´Fälle` nicht einzufangen vermag.

Wo sich Gottes Schöpfer- und Heils-Wille im endlichen Menschengeist spiegelt, hat er unvermeidlich teil an dessen *End*lichkeit, kann insoweit *nicht mehr* (im strengen Sinne) *absolut* sein.

Die Allgemeinheit einer naturgesetzlichen Norm spiegelt zwar den Willen Gottes, jedoch begrenzt. Denn *der Schöpfer will ja auch Vielfalt und Evolution aller einzelnen Lebewesen* und Menschen. Sie aber und deren Lebensumstände können (wegen Raum und Zeit) nicht alle gleichzeitig sein. Von deren Unverrechenbarkeit und Besonderheit abstrahiert aber eine allgemeine Norm, ein Gesetz.

Das erkannte auch *Thomas von Aquin*: Im Ethischen gebe es nur die wenigen allgemeinen Grundregeln in Bezug auf die Gerechtigkeit, wie sie in der zweiten Tafel des Dekalogs vorliegen. Ihre Anwendbarkeit auf das Veränderliche, nämlich auf Einzelfälle des vielfältig variierenden Menschenlebens ist aber begrenzt und fehlbar (S. th. I II q. 100 ad 3).[47]

M.a.W.: wo Menschen den Begriff *absolut* formulieren, ist er nicht absolut oder unbedingt, sondern "gebrochen", "sekundär".

Für das im Menschengeist *reflektierte* Gottes-Gesetz bedeutet das die Unentbehrlichkeit von *Epikie*.

Da schließt bei *Boethius* und *Thomas* eine weitere Überlegung an: der Schöpfer wirkt auf Geschehnisse der geschaffenen Welt nicht unmittelbar, sondern wirkt *in ihr mit den Mitteln der Welt*: *Thomas* spricht von Sekundär-Ursachen oder „mittleren" Ursachen, die Gott als Mittel, Medium oder Vehikel seines Willens dienen. Das heißt: *Auch* Gottes Vorsehung und

---

[46] Wir erinnern an *Adolf Portmanns* unermüdliche Verweise auf das "Reich der Gestalten". Dazu *Meurers*, 94-103

[47] *B. Häring* unterscheidet: Epikie bezieht sich auf das natürliche Sittengesetz nur, wo es in Form von Sätzen und Lehren, als Ergebnis menschlicher Reflexionen vorgetragen wird, nicht aber, insofern es in Herz oder Gewissen geschrieben ist: Frei in Christus I (a.a.O.), 355f. Doch kann man noch weiter differenzieren: *Newman* spricht ja von den "gebrochenen Strahlen" des göttlichen Gesetzes.

Fürsorge nehmen eine bedingt-begrenzte, räumlich-zeitlich dilatierte, grundsätzlich nicht-göttliche, *geschöpfliche* Gestalt, Erscheinung und Entwicklung an.

Dies trifft sich mit der auch bei *Cusanus* und *Leibniz* formulierten Einsicht: Gottes Wille, der sich ins Endliche entäußert, wirkt notwendigerweise gebrochen, fragmentiert, undeutlich, unfertig u.ä. (entsprechend einer unendlichen Geraden, die, wenn sie endlich wird, einer Krümmung unterliegt).

Die Schöpfungslehre ergänzt diese Folgerung durch die Einsicht in die *Eigenständigkeit* der Welt.

Eigenständigkeit von Welt und Weltgeschehen ist der durchgehenden Abhängigkeit vom Schöpfer nicht umgekehrt proportional, „sondern direkt proportional. Je gefüllter die restlose Abhängigkeit eines Geschöpfes von Gott ist, umso größere Eigenständigkeit kommt diesem Geschöpf zu ... Abhängigkeit von Gott beraubt das Geschöpf nicht seiner Eigenständigkeit, sondern verleiht ihm diese überhaupt erst".[48]

Eigenständigkeit der Schöpfung heißt auch *Eigen-Gesetzlichkeit,* eingeschlossen die *Entwicklungsdynamik* der Welt! Die Eigengesetzlichkeit des Weltgeschehens (nach physikalischen, chemischen, biologischen usw. Gesetzen) ergibt sich aus Endlichkeit und Eigenständigkeit der Schöpfung, ist als solche, ineins mit der Schöpfung, von Gott gewollt, bejaht.

Der wahre "Kosmos", d.h. die vollendete Welt-Ordnung ist aber kein Faktum, sondern *im Kommen* und *zukünftig,* was aus dem *evolutiven* Kosmos wie aus der biblischen *Eschatologie* folgt.

Den theologischen Sachverhalt betont auch das II. Vatikanische Konzil.[49]

---

[48] *Knauer, P.,* Der Glaube kommt vom Hören. Ökumenische Fundamental-theologie (Norderstedt [7] 2015), 40

[49] Pastoralkonstitution *Die Kirche in der Welt von heute*, Nr.36; sie unterscheidet die relative Autonomie der Schöpfung von einer falsch gedachten absoluten Autonomie.

Der Schöpfer will und schafft die Welt und alles, was existiert, eigenständig und eigengesetzlich; anders wären sie nicht vollständig und vollkommen.

Hierzu gehören auch die sittlichen Gebote. Gleichfalls Gesetze des Schöpfers, sind sie von der Strenge der Gesetze für unter-menschliche Wesen darin unterschieden, dass sie, an die Freiheit der Menschen gewandt, nur sagen, was geschehen *soll*, nicht, was zwangsläufig geschieht (geschehen *muss*, wie bei Dingen und unfreien Wesen), sagen also, in welcher Weise gehandelt oder nicht gehandelt werden *soll*. *Sein* und *Wesen* sollen aktiv und *frei* zur Einheit kommen.

Die Gebote lassen im Umriss, positiv-negativ, das - allgemeine - *Menschenbild* des Schöpfers bzw. dessen Rahmen erkennen.

Aus den bisher vorgestellten Überlegungen ergibt sich: das menschliche, personale Individuum ist durch Gesetze (kosmisch-physische Gesetze, individual- und sozialethische Normen) nur begrenzt- bedingt fassbar und normierbar: in seinem Letzten - der "Seelenspitze" (apex mentis) - ist es, wie mystisch belehrte Theologie und Anthropologie, aber auch erfahrene Seelsorge wissen, von Regeln, Gesetzen und Begriffen weder zu fassen noch abschließend zu beurteilen.

Das meint nicht, ein Mensch sei an allgemeine Normen und Regeln nicht gebunden; doch sind sie blind gegen sein persönliches Suchen, Wollen, Bedürfen, letztlich sein Schicksal.

Komplementarität im biblischen Gottesbild

Die Bibel preist Gott: "Gnädig ist JHWH und gerecht, und unser Gott ein Barmherziger" (Ps 116,5). Viele Gläubige kommen nicht klar mit der Aussage, Gott sei *gerecht und gnädig*.

Sie sagen: *entweder* ist er gnädig *oder* gerecht. Wenn er gerecht ist, ist er streng und straft. Ist er gnädig, verzeiht er. "Alles verstehen" heiße "alles verzeihen", meint der Volksmund. Er spricht auch durch Dichter. Als ein Priester den sterbenskranken Dichter *Heinrich Heine* auf Gottes Vergebung hinwies, habe der geantwortet: "Natürlich wird er mir vergeben, das ist sein Beruf!"

Für menschliche Erfahrung kollidiert Vergebung oft mit Gerechtigkeit.

Von jeher sagen Menschen: entweder ist Gott gerecht, dann kann er nicht gleichzeitig gnädig sein, und umgekehrt. Im Psalm ruft der Beter aus: "Würdest du, JHWH, auf unsere Sünden achten, wer könnte bestehen? Doch bei dir ist Vergebung, damit man dir ehrfürchtig diene" (130, 3-4).

Darin soll deutlich werden: Gottes Vergebung ist Teil seiner Freiheit, hat aber als Ziel die ehrfürchtig-vertrauensvolle Zuwendung von Mensch und Bundesvolk zu Gott und seinem Lebensgesetz. Der "Gott der Vergebung" (Neh 9,17) will dem Menschen die Chance öffnen, Gott neu zu erkennen und den ihm gewiesenen Heilsweg einzuschlagen (Dtn 10,20). Der biblische Gott will nicht "recht haben", vielmehr will er, dass das Leben gelingt und der Mensch *ganz* und *heil* sei.

Jesus stellt es im Gleichnis vom Vater und den zwei Söhnen nochmals scharf heraus (Lk 15).[50]

Die erschreckende Erzählung vom Gericht über Sodom und Gomorrha (Gen 18), das hereinbricht trotz *Abrahams* Bitte, Gott möge sich der Städte erbarmen, zeigt die Kehrseite: wo *in* einer Gemeinde sich keiner findet, der

---

[50] Siehe auch. *A. Deissler*, Die Psalmen (a.a.O.), 511-514; *ders.*, Gehen mit Gott/Leittexte aus dem AT (Stuttgart 1991), 108-112; *ders.*, Grundbotschaft (a.a.O.), 69-73

- stellvertretend für die Bös-Täter, für sie eintretend (Jes 53,11-12) - sich Gott zuwendet und um Vergebung ersucht, gehen Menschen *an* dem Unheil, das sie erzeugen, zugrunde. Dann ist Gott, der mit leidenschaftlicher Liebe (hebr. *qineʾah*, gr. *zælos*: Ex 20,5) um sie ringt, nur "Zorn" (*ʾaph; orgé*: Mt 22,7 Par; Joh 3,36) und Strafe.

Der Mensch entscheidet also selbst durch sein Verhalten zu Gott, ob dieser ihm (nur) gerecht oder barmherzig begegnet. Er *verändert* durch sein Verhalten - Erbarmen oder Gleichgültigkeit - sein Gottesbild, d.h. die Art, wie Gott sich ihm zeigt.

Daher kann Jesus im selben Atemzug Furcht vor Gott - anstelle von Menschenfurcht - lehren und zum Nicht-Fürchten, zum Vertrauen zu Gott, aufrufen (Mt 10,28.31). Biblischer Glaube betont stets, Gottes Erbarmen sei niemandem geschuldet, sondern stamme aus vollkommener Freiheit.

Jesus bildet Gottes Art ab, wo er der ertappten Ehebrecherin den Neuanfang schenkt, den ihre nicht weniger schuldbeladenen Peiniger versäumen, als sie, nur beschämt (!), die Szene verlassen (Joh 8).

Das besagt auch: Der Gott der Bibel ist durch "absolute", eindeutige Aussagen und Gesetze nicht zu fassen, man erkennt ihn darin nur mittelbar, bedingt und relativ: da der Mensch - sein Ja oder Nein zu Gott - den göttlichen Gehalt des Gesetzes oder Gebotes und seiner Konsequenz quasi beeinflusst. Der Mensch, noch viel weniger Gott ist reduzibel auf ein Gesetz, wenn man diese auf ´den Punkt (bzw. den Einzelfall) bringen` will.

Hinzu kommt, wie erwähnt, die evolutive Wirklichkeit. Die Fluidität der Dinge und menschlichen Verhältnisse lässt keine feststehende oder endgültige Beurteilung eines Menschen zu.

Verletzt ein Mensch ein göttliches Gebot oder Verbot, *muss* seine Gottesbeziehung davon *nicht* tangiert sein (etwa wenn er glaubte, sich nicht anders helfen zu können als durch dessen Verletzung). Gegebenenfalls kann sie erneuert werden: unter neuen Vorzeichen.

Das Uneindeutig-Verwickelte menschlicher Verhältnisse

Die Dinge, die Lebewesen, die Tiere, die Menschen selbst sind nie für sich allein da, sondern teilen ihren Daseinsraum mit zahlreichen anderen Wesen und, auf humanem Niveau, mit anderen Freiheiten. Hinzu kommen stets Veränderungen und Störungen durch Naturereignisse, Intervention und Aktion anderer Dinge, Ereignisse, Wesen und Freiheiten.

Für zahlreiche Lebewesen, auch für Menschen ist Zugehörigkeit zu einer *Gruppe* oder Gemeinschaft eine Überlebensfrage. Die Gruppe bestimmt weitgehend das Verhalten der Individuen *mit*.

Idealerweise und abstrakt sollten die Schöpfer-Gesetze Verhalten und Ethos einer Gruppe bestimmen. Sie mögen es für nicht-menschliche Gruppen annähernd (evolutionäre Faktoren inklusive) tun. Doch tun sie es nur bedingt bei Gruppen freier Wesen. Die sittliche Einheit und Ordnung freier Geschöpfe wird durch freie Akte von Teilen ihrer Mitglieder verändert und verletzt.

Auch agiert keine Gruppe auf neutral-friedlichem Terrain, sondern muss sich unausgesetzt gegen Widrigkeiten von Natur, Umständen, Interventionen anderer Gruppen behaupten.

Konkret heißt das: die Erfüllbarkeit von Normen - z.B. Schutz von Eigentum, Wahrung der Gerechtigkeit, Versöhnung, Friede - hängt von konkreten (Über-)Lebensbedingungen der Gruppe und der Individuen ab. Sittliche Normen existieren nie im Vakuum, sind in der Regel einer geschichtlich gewordenen, komplexen, stets veränderlichen Realität zugeordnet und konfrontiert.

Somit sind sie oft nicht ´chemisch rein` praktikabel. Die Regel bei in Gruppen lebenden Individuen ist der Abstand zwischen Sollen und Sein, da wechselnde Nöte und Einflüsse verschiedener Art die einzelnen beanspruchen.

So bringen mobile (wandernde, fliehende) Gruppen der Tier-, lokal auch der Menschen-Welt nicht selten Kinder, altersschwache, schlecht integrierte Individuen um oder lassen die im Stich, die überzählig sind, schwach oder krank.

Solche Verfahrensweisen (als Rand- und Ausnahmefälle) sind meist durch konkrete Umstände und Zwänge (Nahrungsknappheit, Flucht vor Angreifern) gegen das Normalverhalten (Aufzucht, Ernährung, Hilfe, Schutz) erzwungen. Seit jeher gilt: *Necessitas non habet legem.*

Zudem kann die Gelegenheit, etwas Nicht-sein-Sollendes zu tun, anziehender sein als Beherrschung und das abstrakt Gerechte.

Eine Ehe etwa, ursprünglich "auf Lebenszeit" angelegt, hängt, zumal wenn Kinder vorhanden sind, oft entscheidend ab von materiellen Bedingungen. Anhaltender Verlust von Einkommen; Berufs-, gar Erwerbsunfähigkeit durch Erkrankung oder Unfall; massive Einbußen im Lebensstandard; Zusammenbruch bisheriger Lebensplanung können über Kraft und Konstitution Betroffener gehen, können das Miteinander aushöhlen, eine Ehe und Familie gegen die Absicht der Beteiligten sprengen. Verschärfte, fortgesetzte Belastungen (Katastrophen, Kriegsfolgen) können in Verzweiflung ("rette sich, wer kann!") münden, wenn Abhilfe, Beistand nicht in Sicht sind, können den bisher festen Ehe-Willen brechen, ursprüngliche Liebe in Widerwillen, ja Hass verwandeln.

Gottes Erhörung von Gebeten der Not überspringt in der Regel die Eigengesetzlichkeit der Welt und den Zeitfaktor nicht, auch weil *plötzliche* Veränderungen *stören*, d.h. im Ganzen Zerstörungen anrichten. Auch kleine Weichenstellungen können ´an der nächsten Station` ruinöse Crashes auslösen.

Sittliche Normen, der Schöpferwille insgesamt gelten nie abstrakt, sind konkret gebrochen und spezifiziert durch die konkreten Bedingungen, unter welchen die Menschen leben, denen sie gelten.

Menschen etwa, die den Schöpferwillen, Glück und Sinn von Ehe und Familie bejahen, empfinden schmerzlich den Bruch, leiden unter ihrer Ohnmacht, ihrem Unvermögen, fühlen sich schuldig, weil nicht in Einheit mit dem gesollten Sinn von Ehe und Familie. Sie wollten die Entwicklung nicht, das Auseinanderbrechen, fühlten sich aber ohnmächtig, den Gang der Dinge aufzuhalten oder anders zu steuern.

Es geht Menschen oft wie *Paulus*: er klagt, dass er nicht tue, was er eigentlich will, das Gute, sondern tue, was er nicht will, Böses. Er entdeckt, dass er im Innern Gottes Gesetz zustimmt, zugestimmt hat, aber im Reich der Fakten und Wechsel, wo "alles fließt" oder "ins Rutschen kommt", wo jemand mitgerissen wird, einem anderen Gesetz folgt (Röm 7,15.19-25).

Doch die Rettung, sagt er, die Gott in verfahrenen Situationen gibt, sei Christus (Röm 8,31-39).

Aber Jesus hat doch (entgegnen andere) die Hartherzigkeit derer scharf getadelt, die ihrer Frau einen Scheide-Brief ausstellten, da sie an ihr "etwas Anstößiges" fanden (Dtn 24,1-4). Mose habe das nur ihrer Hartherzigkeit wegen gestattet, Scheidung gehorche nicht dem Schöpfer-Willen. An der von Gott gestifteten Bindung sei unbedingt festzuhalten. Die Jünger sind bestürzt. Doch Jesus legt nach und bekräftigt die Rede (Mk 10,2-12). Allerdings fügt er an, den überlieferten Willen Gottes könne nur fassen, "wem es gegeben ist" (von oben: Mt 19, 11). *Paulus* zitiert das Jesus-Wort indirekt für seine Gemeinde in Korinth (1Kor 7,10f).

Mit Verweis auf *Augustinus* fügt man meist an, der/die "Gerechtfertigte" könne und müsse Gott bitten, Er möge das, was unmöglich zu leisten erscheine, zu vollbringen gewähren.[51]

Allerdings erkannten schon frühe Christen, Gottes Schöpferwille hinsichtlich Ehe sei nicht *absolut* zu halten und durchzuführen. *Matthäus* fügt in das Scheidungs-verbot die Klausel ein "außer bei Hurerei (porneia)" (19,9). Und *Paulus* hält Scheidung für statthaft dann, wenn der gläubige Partner nur durch Trennung seinem Glauben treu bleiben und nach ihm leben könne (1Kor 7,12-16).

Die frühe Kirche schränkte also selbst schon die Mt 19,6 überlieferte Weisung Jesu durch zwei Ausnahmen ein, überzeugt, damit *nicht* gegen die Intention des Schöpfers zu verstoßen.

---

[51] Konzil von Trient, sess. VI Cap. 11; can. 18 bedroht mit Ausschluss jene, die behaupten, Gottes Gebote zu erfüllen sei auch mittels Gottes Gnade unmöglich (ein völlig abstrakter Satz).

Schon der Wortgebrauch des Mt-Evangeliums deutet Interpretationsraum an.

Bei Mt gebraucht Jesus dreimal den griechischen Ausdruck *chōrein* (χωρεῖν), feierlich am Ende der Ausführung (v 12). Das griechische Wort hat die Grundbedeutung von "weichen, Raum geben".

Der strikte Schöpferwille zur Ehe macht die Jünger mutlos. Bezieht man Jesu Antwort aber konsequent auf die Pharisäer-Frage, sind die *Ehe-Unfähigen* von Geburt bzw. durch eigenes Zutun *grundsätzlich* zu verstehen. Jesus bestätigt: nicht alle *können* dem Schöpferwillen *Raum geben* (seelisch, praktisch). Darum der Appell: wer - dem Ur-Schöpferwillen - *Raum geben kann*, möge es tun!

Das kann sinnvoll nur meinen: jemand, der die Forderung hört, möge in sich hinein horchend spüren, ob sie in ihm Raum hat und haben kann, ob es ihm *gegeben ist* (v 11).

Es macht Unterschied, ob Jesus einer Handvoll Jünger, die, ihre Männerwelt ´im Blut`, ihrer Kraft unsicher, den Schöpferwillen behutsam vor Augen stellt - "nicht alle können Gottes Willen (*lógos*) Raum geben" - oder ob dieselbe Ehe-Botschaft Generationen und Millionen Paaren vorgetragen und ihre Erfüllung ´ohne Wenn und Aber` erwartet und, im negativen Fall, sanktioniert wird.

Setzt man darauf, jene, die sich damit schwer tun, könnten und müssten Gottes Hilfe erbitten, erscheint Gott als ´Erfüllungsgehilfe` einer forcierten kirchlichen Norm und Erwartung. Der normale Mensch von heute reagiert darauf ähnlich freimütig wie die Jünger: "Wenn es so ist, ist es nicht bekömmlich zu heiraten".[52]

Unbestritten ist die Ehe ursprünglich auf Einheit und Treue angelegt, "bis der Tod" die Partner "scheidet".

---

[52] Wörtlich: "Wenn so die Stellung des Mannes zur Frau ist ..." Ihnen erschien damals die Zumutung für den Mann unerträglich. Die gesellschaftlichrechtliche Aufwertung der Frau macht die Forderung für beide, Mann und Frau, schwer ´verdaulich`.

So empfindet erfahrungsgemäß auch die große Mehrheit der Menschen. Nicht selten bekunden selbst ´Fernstehende`, mehrere Eheschließungen und Scheidungen hinter sich, es möge mit der neuesten (oder letzten) Ehe, die sie eingingen, nunmehr für den Rest ihrer Tage so sein.

Schwierig ist oft die konkrete Auslegung und praktische Umsetzung der Schöpfer-Absicht. Nicht zuletzt stellt sich die Frage, wie weit man im Falle von Trennung generell von persönlicher Schuld ("Sünde") sprechen kann - obwohl Schuld, wie Erfahrung lehrt, vielfach im Spiel, oft auch Ursache des Scheiterns einer Ehe ist.[53]

In zahlreichen Fällen zeigt sich auch ein physisches (z.B. bei Gewalttätigkeit) oder psychisches (etwa bei Hass, bei Verlust bürgerlicher Rechte) Nicht-mehr-beieinander-bleiben-Können.

Eine spezifische, für die Antike untypische Schwierigkeit schafft die der modernen Medizin verdankte Verlängerung der Lebenszeit um das Doppelte, sogar Dreifache, indes die durchschnittliche Lebenserwartung zur Zeit Jesu, ja bis in die europäische Neuzeit und noch im erste Drittel des 20. Jahrhunderts 30 - 40 Jahre betrug. Hatte eine Ehe mit Zeugung und Aufzucht mehrerer Kinder unter manch Reibungsverlust ihren natürlichen Primärzweck erreicht, stellte und stellt sich vielen Paaren die Frage, zu welchem Sinn und Zweck sie weiterhin beieinander bleiben sollten "bis der Tod" sie "scheide", da Partnerschaft und gegenseitige Hilfe ja doch primär auf Kinderzeugung und -aufzucht bezogen, dafür gemeint war. Faktisch wird die ´Über`-Zeit zwar oft durch eine Art ´seelische Weiterbetreuung` der erwachsenen ´Sprößlinge` überbrückt, aber es lässt sich kaum leugnen, dass dazu oft nur eine *schwindende Notwendigkeit* besteht. In der neuen Phase einer ehelichen Partnerschaft erwacht unvermeidlich die Frage nach deren Sinn oder lockt ein Neuanfang: Ist es gut, sinnvoll, beieinander zu bleiben, haben wir uns noch zu sagen, zu geben, was keine Alternative ersetzt?

Auf diese Frage finden manche Paare eine Antwort, andere nicht.

Weil konsequente Verwirklichung des Gotteswillens in der so veränderlich-komplizierten, ja dunklen Welt schwer erreicht wird, preist der Apostel die

---

[53] Kirchliche Ehelehre sieht als Haupt-Gegner seit jeher den Laxismus. Ihm sagen neuerdings auch traditionalistisch orientierte politische Parteien den Kampf an, wenn sie das Schuld-Prinzip gegen das Zerrüttungs-Prinzip wieder aufwerten und das Alleinerziehungs-modell abwerten wollen.

Rettung durch Gottes Barmherzigkeit, in Jesus Christus erschienen, die sich dem gläubigen Vertrauen der Geplagten schenkt.

Ein oft schmerzliches Bild zeigt sich allenthalben: Der Mensch bleibt dem Schöpfer die Schöpfung, einschließlich seiner selbst, trotz gut-willigen Mühens schuldig in sich fortsetzender Bringschuld. Seine Rettung kommt aus erbarmendem Entgegenkommen Gottes selbst.

Jede Person bedarf nicht nur der Epikie, sie bedarf auch der Vergebung fast unvermeidlicher *Schuld* vor Gott, allerdings gemildert durch vielerlei, den Einzelnen oft überfordernde Umstände (bedingt vom sozialen Umfeld), welche den Horizont von allgemeinen, die individuellen Probleme zwangsläufig übersehenden Gesetzen über-steigen.

Auf diese bedrückende Situation verweist *Paulus* in den ersten beiden Kapiteln des Römerbriefs.

Gottes in Christus erschienene Barmherzigkeit enthält auch die Vergebbarkeit dieser Schuldenlast.

Individualität und Person

a) Das Allgemeine und das un-wesentliche Individuelle

Kirchliche Autoritäten tun sich schwer, die skizzierten Einsichten in Lehre, Verkündigung und pastorale Bemühungen zu integrieren.

Das liegt an intellektuellen Vorgaben und Voraussetzungen, die noch deutlicher als zuvor zu benennen sind..

Leitend für sie wurden antike Philosophie, Staat- und Gesellschaftsidee, die, von Rom an die jungen Völker und Gesellschaften Europas vermittelt, als *mainstream* eine späte Blüte im Hochmittelalter und nochmals in Renaissance und Neuzeit erreichten.

Für *Platon* steht das *Gemeinwohl* fraglos *höher* als das private Wohl. Denn der Staat "ist größer als ein einzelner Mann/Mensch (ἀνήρ)". Diese Vorordnung einzusehen und danach zu handeln sei Menschen *nicht von Natur mitgegeben*; daher brauche es Ordnung und Gesetze, ohne die sich Menschen nicht von wilden Tieren unterschieden.[54]

Aristoteles bestätigt und verschärft *Platons* Ansatz: Er nennt den Menschen als von Natur auf den Staat bezogenes Wesen ein "politisches/staatliches Lebewesen" (ζῷον πολιτικόν). Bildung eines Staates sei natürliches Ziel jeder individuellen menschlichen Natur. Wer ohne Staat oder außerhalb eines solchen existiere, sei entweder ein übler Kerl - oder ein höheres Wesen. Der individuelle Mensch verhalte sich zum Staat wie ein Teil zum Ganzen. Denn der Staat sei "früher als der einzelne" Mensch.[55]

Der so umrissene Vorrang *des Allgemeinen vor dem Besonderen* ist *Grundlage* traditioneller *Ethik* auch fern der abendländischen Welt. Im antiken China werden "Pietät und Gehorsam" als "Wurzeln des Mensch-

---

[54] *Politeia* / Der Staat: 368 e ; *Nomoi* / Die Gesetze 874 e – 875 d. Nach antiker Auffassung waren *Männer* Träger des Staates (*pólis*)

[55] *Aristoteles,* Politik 1. Buch 2. Kapitel

seins" gepriesen, gilt Einfügung des Individuums in den Staat als Basis des Menschseins.[56]

Das Allgemeine gilt als das Übergeordnete, das Individuelle als *un*wesentlich, untergeordnet ("jeder ist ersetzbar"). Das Allgemeine ist rund, vollkommen (´alle`), das Individuelle fügt nichts´Wesentliches` hinzu. Das Individuelle gilt als das Zufällige: kaum mehr als eben eine Raumzeit-Stelle, keine Qualität, nur Quantität, bloß numerisch von anderen unterschieden. Mit anderen Worten: der einzelne Mensch gewinnt Profil, Qualität im Maße er *Teil* oder *Repräsentant* des Allgemeinen, des für *alle* Gültigen wird.

In dieser Sicht werden klassisch-hellenische Heroen wie *Antigone* oder *Herakles* zu beispielhaften Individuen.

Der klassischen Sicht erschien jede "individualistische" Abweichung vom Allgemeinen verkehrt, bedrohte die Allgemeinheit, gefährdete jedes Selbstische das Gemeinwohl. Weil Abweichung vom Allgemeinen, weil Individualismus nach uralter Erfahrung (schon im Säugetier-Bereich) das Leben gefährdet und Abweichler häufig ein Eigeninteresse vor das Gemeinwohl setzen, gilt Lust auf "Selbstverwirklichung" als verpönt ("die Kosten tragen die anderen"). "Selbstliebe" (*amor sui*) wird gar als "Verachtung Gottes" (*contemptus Dei*) gesehen, Liebe zu Gott (*amor Dei*) mit Selbstverachtung (*contemptus sui*) gleichgesetzt.[57] Schärfer noch die Meinung, als Mensch sei ich "von Natur geneigt, Gott und meinen Nächsten zu hassen".[58]

Blaise Pascal folgert, das Ich ("le Moi") sei *hassenswert* ("haïssable"), da es "Feind" aller anderen Menschen sei.[59]

---

[56] *Kungfutse* (6.-5. Jh. v.C.), Gespräche / Lun Yü (Düsseldorf-Köln 1974), Buch I Nr.2

[57] *A. Augustinus*, De civitate Dei - Der Gottesstaat XIV, 28

[58] *Heidelberger Katechismus* I 5.Frage - Antwort

[59] *B. Pascal*, Pensées Nr. 455

Damit wird die in der Tat konstitutionelle Schwäche des Menschen, seine quasi autistische Neigung angesprochen, die als animalisches Erbe in ihm lebt. Der stets lauernde Egoismus muss von anderen ständig und von jeder Person bei sich überwacht werden.

Deshalb sagen die meisten Theorien und Ideologien, vollständig, d.h. ein Mensch sei der einzelne nur als Glied der Allgemeinheit, als Glied des Staates oder Kollektivs (Partei, Verein, Kirche).

Dieses Menschenbild wird auch von einer revolutionären Philosophie wie dem *Marxismus* geteilt.

"Der Mensch, das ist die Welt des Menschen, Staat, Sozietät", also "das ensemble der gesellschaftlichen Verhältnisse". Das menschliche Wesen sei aber nichts Abstraktes, keine "die vielen Individuen natürlich verbindende Allgemeinheit", sondern ein geschichtliches, "gesellschaftliches Produkt".[60]

Der Focus liegt *abstrakt* auf historisch gewordenen "gesellschaftlichen Verhältnissen".

Das Postulat vom Vorrang des Allgemeinen bestimmt traditionelles Denken: die antike Philosophie, auch das neuzeitliche Denken zumal von *Hegel, Marx, Mao Zedong* und anderen.

Hegels Geschichtsphilosophie zielt auf den "Endzweck" der Weltgeschichte: "dass die Vernunft die Welt beherrsche" und "die Weltgeschichte der Fortschritt im Bewusstsein der Freiheit" sei. Diesem "an und für sich Allgemeinen und Substantiellen"(!) sei "alles andre untergeordnet". So müsse die fortschreitende Weltvernunft "manche unschuldige Blume zertreten".

---

[60] *K. Marx,* Zur Kritik der Hegelschen Rechtsphilosophie, Einl.*; ders.,* 6. These über Feuerbach

49

Die Individuen, ihre Schritte und Ziele stünden unter der "List der Vernunft", würden im Fortgang der Geschichte "aufgeopfert und preisgegeben".[61]

Aus Sicht der materialistischen Anthropologie ist der religiös inspirierte Person-Begriff "philosophisches Phantasieren" *(Adam Schaff)*, gepriesen von der "Bourgeoisie", ihren "Klasseninteressen", von "bürgerlichen" Philosophen, die bloß "diplomierte Lakaien der Pfafferei" seien.[62]

Man leugnet nicht, dass jeder Mensch ein selbständiges, mit Wahlfreiheit begabtes Individuum ist. Doch bestreitet man jede Unabhängigkeit individueller Freiheit von den gesellschaftlichen Bedingungen: "Die menschliche Tätigkeit" sei für Marxisten "immer gesellschaftlich bedingt, aber nie eindeutig im voraus entschieden". Zwar wähle der einzelne bewusst zwischen mehreren Möglichkeiten, sei kein Spielball blinder Kräfte, sondern "Schöpfer der Geschichte", aber nur, weil seine freie Wahl - im Sinne des "Dialektischen Materialismus" - die "erkannte Notwendigkeit" anziele.[63]

Auch der totale Säkularismus und Naturalismus verwirft - wegen der religiös-theologischen Implikationen - jede Art Würdigung der *Person*: Das Ich sei ein "paranoides Konstrukt" (*J. Lacan*), eine "völlig passive Straßenkreuzung" von Zufällen und Ereignissen (*C. Lévi-Strauss*), eine "Illusion" in den Augen gewisser Hirnforscher.

Methodischer Säkularismus prägt auf eigene Art auch die Theorien der meisten Naturwissenschaften: ausgehend vom *Besonderen*, d.h. von *einzelnen* Beobachtungen oder Fakten sucht man auf ein Allgemeines, ein *Gesetz* zu kommen. Ist es gefunden, verliert das je *Einzelne* (beobachtet,

---

[61] *G.W.F. Hegel*, Vorlesungen über die Philosophie der Geschichte (Stuttgart 1989), Einleitung

[62] Vgl. *W.I. Lenin*, Über die Religion (dt. Berlin [10]1972), 83ff, über "bürgerliche" Philosophen

[63] Vgl. *A. Schaff*, Marxismus und das menschliche Individuum (dt. TB Reinbek 1970), Teil III

gemessen), von dem man ausgegangen war, an Interesse und Bedeutung: was "singulär" ist, hat in den meisten Wissenschaften keine *wesentliche* Bedeutung, sorgt vielmehr für Unruhe, Zweifel und die Erwartung, dass es bald ´entsorgt` werden könne.

Allerdings geht es bei naturwissenschaftlichen Fakten zumeist nicht um *Menschen qua Personen.* -

Stärker geht es um sie in der Kirche. Allerdings sind auch Denken/Reden zumal der römisch-katholischen Kirche (mit-)geprägt von antiken Denkformen.

Im Bemühen, das göttliche Gesetz durch die Wandlungen der Geschichte hindurch ´rein` zu halten, hält sie fest am Vorrang des Allgemeinen vor dem Besonderen.

Das wird *beiläufig* ersichtlich etwa im "Katechismus der Römischen Kirche": er stellt den 1. Satz "Ich glaube an Gott" des Apostolischen Glaubensbekenntnisses auf ein und derselben Seite dem "Wir glauben" des Großen Glaubensbekenntnisses (von Nizäa-Konstantinopel) schlicht gegenüber: Das *Ich* glaube" markiert hier *sachlich keinen Unterschied* zu "*Wir* glauben".

In der Tat muss der individuelle Glaube eines Christen gleichzeitig *Wir*-Glaube sein.

Im Ersten Bund spricht Gott zu ganz Israel als Quasi-Person: "Ich bin JHWH dein [Israels] Gott, der dich [Israel] aus dem Haus Ägypten geführt hat" (Ex 20,2; Dtn 5,6). So muss auch das Ich, das an JHWH als den Gott auch des Jesus Christus glaubt, zuerst das gläubige Volk, die Kirche sein.[64]

Daher versteht traditionelle *Christliche Ethik* unter "Persönlichkeitsethik" grundsätzlich die Behandlung "der vom Einzelmenschen für die Verwirklichung der sittlichen Persönlichkeit geforderten Verhaltensweisen", also die Erfüllung der für alle christlichen Individuen geforderten, im

---

[64] *H. de Lubac,* Credo (dt. Leipzig 1976), 143

Wesentlichen gleichartigen Verpflichtungen. Christ und Christin sollen *nicht sich* (individuell gefasst) verwirklichen, sondern in ihrer Persönlichkeit das "christliche Menschenbild" ausprägen.[65]

Formal gleicht diese Denk- und Darstellungsweise althellenischem Denken über Staat und Individuum. Im Leben des Individuums kann es daher zu gleichartigen Problemen, ja zu Dramen kommen wie in der griechischen Tragödie.

Antigone gewinnt bei *Sophokles* persönliches Profil insoweit, als sie Thebens Herrscher *Kreon*, der gegen göttliche Vorschrift frevelt (er untersagt unter Androhung der Todesstrafe die Bestattung ihres Bruders *Polyneikes*), entgegentritt, ihren Bruder ordnungsgemäß bestattet und die vom Herrscher verfügte, grausame Todesstrafe auf sich nimmt. Die Göttern und Menschen *heilige* Bestattungspflicht wird aus menschlicher Ursache *hier* todbringend; *Antigone* kann nur noch fromm sein, wenn sie den Tod auf sich nimmt. Göttliches Gesetz erwartet indirekt diese Konsequenz.

Zwar ist *Antigone* frei, nicht zu handeln. Doch wäre auch sie dann schuldig vor Gottes Gesetz, das *über* individuellem Schicksal steht. *Antigone* handelt, wie jede Griechin, jeder Grieche an ihrer Stelle handeln müsste: exemplarisches Opfer und heldenhafte Zeugin für das *überpersönliche* Ethos. Indirekt bezeugt sie gleichzeitig: mein Schicksal ist - ich bin - unwichtiger als die göttliche, d. h.: als die für *alle* gültige Norm. Das Tragische zeigt sich darin, dass *Antigone* - mit ihr das teilnehmende Publikum - an der unüberbrückbar tödlichen Kluft zwischen *allgemeiner* Norm und individueller Existenz leidet: schuldlos, da die Norm höher, stärker, *wesentlicher* ist als sie selbst.

Antigone erwirbt individuelles Profil nur dadurch, dass sie ihr Leben der heiligen Pflicht opfert.

Gleichzeitig stellt das Schauspiel jedoch die *heilige Ordnung* in Frage: den Vorrang der allgemeinen Pflicht vor dem individuellen Leben. *Kreon*

---

[65] *J. Messner*, Ethik, 104; *J. Pieper*, Über das christliche Menschenbild (München [6]1955)

handelt *als Gottloser*. Durch sein Machtprivileg ist sein Bestattungsverbot *Antigones* frommer Tat überlegen - aber nur scheinbar. *Antigone* verhält sich mit der Bestattung nicht nur human, aus Bruderliebe, ihre Tat bezeugt indirekt auch Furcht vor der *Götter* jenseitiger Strafe. Sie besteht nach altem Glauben im Sturz in den *Tartaros*, in den finster-chaotischen Abgrund der Erde, Ort äußerster Verlorenheit, woraus es keine Rettung gibt.

Sophokles` Tragödie bezeugt ein nicht bloß damals aktuelles Gefühl: Eine individuelle Erlösung aus *heiliger Pflicht* gibt es nicht!

Auch traditionell-kirchliches Denken tat und tut sich schwer, dem *einzelnen* Menschen, seinem individuellen Schicksal gerecht zu werden, obwohl Jesu beispielhafter Umgang mit Menschen es empfiehlt - ja, die einmalig-einzigartige *Person Jesus selbst* es nahelegt, das menschliche Individuum neu zu bewerten. Weil aber tradierte Frömmigkeit in Jesus einseitig *Gott* sah und sieht (und sein Menschsein unterbelichtet), weil sie auch Jesu Korrekturen am ´Gottesbild` ("die Freude des Himmels" über reuige Tat-Sünder) abschwächt, nahmen auch traditionelle Bildung und Erziehung die *individuell-einmalige Person Mensch in ihrem Eigenwert* nur zögerlich-mühsam *wahr*.

Einmalig ist, was unersetzlich, was weder Wiederholung einer früheren Existenz ist noch sich in einer gleichzeitigen und nachfolgenden Existenz wiederholt. Wird ein Mensch nur aus allgemeiner Perspektive und vorwiegend funktional gesehen, gelten Devisen wie "passe dich an!", "sei nicht eigensinnig!", "andere können / tun das auch"; "jede(r) ist ersetzbar".

Vielen ist nicht bewusst, dass dies eine arg verkürzte, ja *un*menschliche Betrachtung ist.

Diese hängt auch an der Ungeübtheit, zugleich langen Erfolglosigkeit von Bemühungen, Individuum und Individuelles gedanklich zu erfassen. Je weniger dies gelingt, desto stärker die Neigung, ihm nur geringes oder kein Gewicht zuzubilligen.

Ebenso typisch wie wirksam auch die spätantike Parabel von *Herakles* (*Herkules*) *am Scheideweg.*[66]

Der jugendliche *Held* sieht sich, als *Vorbild*, vor die Wahl zweier Alternativen gestellt, um seinen Lebensweg zu gestalten. Zur Wahl stehen der bequeme Weg des Lasters und der mühsame Weg der Tugend. Wie selbstverständlich wählt der *exemplarische* Held den Weg der Tugend.

Für griechisch-antikes Denken heißt das: er wählt - ohne Zögern - das Höherwertige, Bessere als das Selbstverständliche.

Hier könnte auffallen: die zwei Wege, die *Herakles* einschlagen kann, sind *vor ihm* da. Zwei Frauen, Personifikationen von Laster und Tugend, bringen es ihm zu Bewusstsein durch ausführliche Reden, die aufklären, was ihn auf dem einen oder anderen Weg erwartet.

Herakles entwirft seinen Lebensweg also *nicht selbst* - diese Wahl hat er gar nicht -, sondern übernimmt wählend einen der zwei in der *allgemeinen* (insoweit einzigen) Richtung schon vorhandenen Wege: Er wählt den Weg der Tugend mit Arbeit und Mühe. Indirekt entspricht seine Wahl der Erwartung von Erzähler und Publikum. Wie nachfolgende Begegnungen und Arbeiten erweisen, liegt das *Individuelle* der von *Herakles* getätigten Wahl im *quantitativen* Bereich: im Maß seines Gehorsams, seines Mutes, seiner Kraft, seiner Leistungen für Götter und König. Sie schätzen die Götter, und nach Bestehen aller "Prüfungen" unterwegs wird der sterbende Held den Göttern zugezählt.

Die Botschaft der Legende lautet: Mensch, geh den *vorbereiteten* (tugendhaften) Weg!

Heldentum liegt hier in der *Quantität* von (zehn bzw. zwölf) Leistungen auf diesem Weg: *Herakles* ist ein Held des Quantitativen, ein Held nach Maß!

---

[66] Diese nachklassische Parabel, komponiert aus Motiven von *Hesiod* und *Sophokles*, will (*Sokrates* popularisierend) nur Moral sein, kein Modell für persönliche Freiheit und Verantwortung: B. Snell, Die Entdeckung des Geistes (Hamburg 1955), 320-332. Ähnlich moralisieren frühchristl. Mahnschreiben wie die zwei Klemensbriefe (1./2. Jh)

Insofern hat *Herakles* keine individuellen Züge. Als Held des Quantitativen (seiner 10/12 "Arbeiten") ist er ein auffallend fleißiges, erfolgreiches, daher gelungenes *Exemplar* und Vor-Bild von Mensch. So gesehen ist *Herakles individuell* - als Individuum - nur ein "dieser da" (οὗτος τις) oder "dieses Etwas" (τόδε τι, wie *Aristoteles* sagt): ein Wesen, das diese zufällige Raum-Zeit-Stelle hat und sich mit ihm aufgetragenen *quantitativen* Leistungen "rekordverdächtig" in Szene setzt.

Die christliche Philosophie des Mittelalters übernahm weithin dieses Vor-Bild. Die Vorordnung des Allgemeinen vor dem Einzelnen war auch ihr vertraut, ja selbstverständlich.

Denn auch die zehnfache Weisung, Kern der Bundessatzung, spricht, wie erwähnt, in jenem "du sollst" nicht den Einzelnen an, sondern das Bundesvolk. So wird sie eingeführt mit *Šᵉmaᶜ Jisrael*, "Höre, Israel!" (Dtn 5,1; 6,4) und mit der Erinnerung, dass "JHWH, dein Gott, *dich* aus Ägypten geführt hat" (Ex 20,2; Dtn 5,6). Die Bibel spricht hier *generisch*: *Israel* soll keine anderen Götter haben, den Sabbat heiligen, Vater und Mutter ehren ...

Israel, Adam, Mann, Frau usw. sind Kollektiv-Begriffe.[67]

Die Primär-Bezeichnungen sind also auch in der Bibel Art- oder Allgemein-Begriffe.[68]

Der Mensch wird vorab als das gesehen, was er *typisch-allgemein* ist: z.B. ist er "Fleisch", also schwach, hinfällig. In Psalmen, zumal Klage-Psalmen gewinnt der einzelne Israelit (v.a. der König) ein schärferes Profil. Doch sind es typische Nöte, sodass die Allgemeinheit - die Gemeinde *Israel* - sich darin wiederfinden und der Psalter nach dem Exil Gesangbuch der nachexilischen Gemeinde werden konnte.[69]

---

[67] Meint man Einzelne, setzt man *ben* oder *bat* davor (*ben adam* = ein Mensch, *bat Jisrael* = eine Israelitin), bildet den Plural (z.B. *näfäš* - *nᵉpašót*) oder leitet ein mit "*kól* = jede/r/s"

[68] *Th. Boman*, Das hebräische Denken im Vergleich mit dem griechischen (dt. Göttingen ⁵1968), 56f; *H.W. Wolff*, Anthropologie des AT (München ⁵1990), 40ff

b) Jesus und die 'Außenseiter'

Das Schicksal der Einzelnen - Mann, Frau -, auch jener, die am Rand oder *neben* der Gesellschaft Israels existieren, ja vegetieren, kommt wesentlich durch *Jesus* in den Blick.

Doch haben Jesu Initiativen zugunsten *ab*normer Individuen das gewohnte, vorherrschende Denken in *Kategorien des Allgemeinen* nur partiell und peripher erschüttert, wie am Widerstand der Frommen wie der religiösen Autoritäten sichtbar wird. Mit der von vielen so empfundenen Bevorzugung von Schwachen, Außenseitern, Sündern erregt Jesus ein für ihn lebensgefährliches Ärgernis, was jeder Leser, jede Hörerin des Evangeliums unwillkürlich nachempfindet. Schwerpunkt von Jesu Sendung blieb Israel, freilich ein *erneuertes Israel,* und so waren es am Ende *Israels* damalige Repräsentanten (*Pilatus* war nur Werkzeug), die *im Namen der Allgemeinheit* (Bundesvolk und Nation)) das Todesurteil fällten (Mt 26,3-5; Joh 11,47-53).

Das Argument des Hohenpriesters *Kaiaphas* ("besser ist es, dass einer stirbt anstelle des Volkes, als dass die ganze Ethnie zugrundegehe") wurde und wird unangefochten durch die Zeiten transportiert. Doch der *Johannes*-Evangelist entdeckt den Doppelsinn: der Lebenseinsatz des *Einen* anstelle des Volkes, für das Volk (ὑπὲρ τοῦ λαοῦ) kehrt den alten Vorrang des Allgemeinen vor dem Besonderen, Individuellen um, *ohne* das Allgemeine - hier das Volk - unwichtig zu machen. Das Individuum gewinnt *in Jesus* eigenen Rang, und zwar im Blick auf das Allgemeine. Aber das Allgemeine anerkennt das Individuum nicht, lässt es nicht aufkommen, sondern zertritt es, opfert es für seinen Vorrang (es sei denn, individuelle Leistung stärkt die Allgemeinheit).

Indem *Jesus* sein Geopfertwerden annimmt, ist er tatsächlich und zugleich Lebensretter der Allgemeinheit (des Volkes). Für die Augen des Glaubens wird *Jesus* der *entscheidende Zeuge* für den *Heils*rang *von Individuen* (Christus, Christen), für die Gnade, die von Einzelnen ausgehen kann.

---

[69] Nach *A. Deissler*, Die Psalmen (Düsseldorf [2]1979), Einführung

In der jüdischen und christlichen Geschichte blieb der Vorrang des Volkes, der Vorrang der Gemeinde, der Kirche (samt Leitungsorgan) *natürlich* selbstverständlich.

Logisch-systematisches Denken sah das Individuum weiterhin im Rang einer *quantité négligeable.*

Für das christliche Mittelalter war ein einzelner Mensch, wie *Herakles* und der *normale* Mensch der Antike, komponiert aus dem Mensch-Wesen (*essentia*) und dem stofflichen Rest ("vor-bezeichneter Stoff": *materia signata*) von messbarer Quantität und Raum-Zeit-Stelle. Der *Einzel*mensch galt als *nicht* definierbar, da die Individualität eines Menschen - wie *Herakles* - nicht im "Wesen" (Mensch) enthalten sei, sondern hinzutrete und nur an dieser stofflich "*vor*-bezeichneten" Raum-Zeit-Stelle hänge; *sie* mache seine Individualität aus, die, da bloß numerisch, sich nicht qualitativ unterscheide von Mensch-sein allgemein und überhaupt.[70]

Dieses Denken bildet sich im Sprachgebrauch ab. Vom Begriff *Wesen* - Grundbedeutung *Sein* - leiten sich auch Ausdrücke wie *wesentlich, wesen-haft* = *sein*shaft ab. Die Wurzel ist *es: ſ es* (vgl. lat. *esse, est*, griech. *esti*).

Was *wesentlich* ist, unterscheidet sich gänzlich vom *Beiläufigen, Zufälligen, Einzelnen* bzw. *Vereinzelten.* Was *einzeln, vereinzelt (unum, singulare)* ist, gilt als *unwesentlich, wesenlos*, somit *unbeträchtlich*. In mediterran geprägten Sprachen heißt das "Wesentliche" *essentiel, essential, esencial:* es ist dasjenige, das *esse* - lateinisch für *sein* - besitzt. Ähnliche Bedeutung hat das Wort *substantiell*. Ein *Individuum*, griech. *átomos*, ist das letzte, unteilbare Teil eines Wesens.

Folgerichtig heißt das Beiläufige *Akzidenz, accidential, accidentel,* d.h. das, was zum Wesen hinzukommt, deshalb per se *un*wesentlich ist. In romanisch geprägten Sprachen wird *accident* noch schärfer disqualifiziert:

---

[70] *Thomas von Aquin*, De ente et essentia II-III; s.a. *Aristoteles*, Metaphysik VII 1036a - 1037b. *Thomas* reserviert den vollen Person-Begriff (*Boethius* folgend) für die Personen der göttlichen Trinität.

als *Unfall* oder *Zufall*. Das Altgriechische denkt ähnlich: "wesentlich" heißt "enusios" (ἐνούσιος), wörtlich etwas, was *Sein* hat.

Das Unbefriedigende jener Auffassung der menschlichen Individualität liegt, wie man heute findet, darin, dass der einzelne Mensch für dieses Denken nur eines von vielen Exemplaren (´Beispielen`) des Mensch-*Wesens* ist, ohne *wesentliche* Bedeutung und mit *unwesentlichem* Schicksal.

Es bleibt offen, ob die Geist-Seele als "Form" des Körpers zur Individuation des Menschen beiträgt.

Die der griechischen Antike entnommene Sicht erlaubte, ähnlich der *Herakles*-Parabel, die Skizze eines "christlichen Menschenbildes" mit Zwei Wegen: "Weg des Lebens", "Weg des Todes",[71] wobei der "Weg des Lebens" mit den Kardinal-Tugenden (Klugheit, Gerechtigkeit, Tapferkeit, Gehorsam) und drei "übernatürlichen Tugenden" (Glaube, Hoffnung, Liebe) gepflastert ist.[72]

Auch auf diesem Weg sind Helden vorangegangen, von der Kirche als "Heilige" gewürdigt, die sich im Urteil der Verantwortlichen auszeichneten durch einen "besonders heroischen *Grad*" (also quantitativ!) in Erwerb und Betätigung christlicher Tugenden.[73]

Selbstredend braucht jede Zeit, jede Gesellschaft, auch die Kirche *Vor*bilder, um die Strebsamkeit lebender und nachkommender Menschen anzuregen. Insoweit sind Vor-Bilder des *allgemeinen* (auch christlichen) Menschentums unverzichtbar.

In *diesem* Sinn rät ja auch *Paulus* den Christen, ihm *nachzustreben* (2Thess 3,7.9; 1Kor 4,16; 11,1).

---

[71] *Didache* I,1. Das Wege-Schema der Bibel geht zurück auf Dtn 11,26-ff

[72] *J. Pieper,* Über das christliche Menschenbild

[73] Katechismus der Kath. Kirche Nr.828

Die junge Kirche wuchs im spätrömischen Imperium auf. Die Getauften waren dessen theoretischen Vorgaben weitgehend unterworfen, erst recht, als römische Kaiser (wie *Konstantin, Theodosius*) sich zum Christentum bekannten.

Im römischen Recht war der Begriff "Person" dem freien und vermögenden Bürger vorbehalten, er besagte soviel wie *Träger von Rechten*. Folglich wurde Sklaven die Qualität *persona* abgesprochen.

In den sogenannten Christlichen Staaten galt dies prinzipiell weiter, war der Staat ja (nach *Aristoteles*) vor dem Einzelmenschen da. Daran änderte sich mit der ´Taufe` des Staates (ab *Konstantin*) nichts. Nun rangierte realsymbolisch hinter König *Christus* der jeweilige "Herr" und Imperator (als "Bischof des Äußeren" verstanden) weshalb die Kunst Köpfen und Gesichtern christlicher Herrscher mehr und mehr individuelles Profil, persönliche Züge zubilligte.

Sie waren ja (wie *Konstantin* es erbat) selber "Episkopoi" für die äußeren Zustände. Die Bibel sieht die Menschen ja als "Fleisch": schwach, fehlbar, vergänglich. Jesus gab sein Leben "für die Vielen", das heißt, für die vielen *Namenlosen*!

Als solche aber brauchten sie Führung, Autorität.

Es kam nur zu gelegentlichen Abweichungen, wenn jemand wie *Paulus* an konkreten Schicksalen erkannte: Getaufte, Gläubige sind eine "neue Kreatur" (2Kor 5,17; Gal 6,15).

So konnte und wollte *Paulus*, unter dessen Führung ein früher "unnützer", entwichener Sklave wie *Onesimus* Christ geworden war, dessen Besitzer nur um Milde *bitten* und anregen, den getauften *Onesimus* freizugeben (Phm 13-17), freilich mit der Anmerkung, *Onesimus* sei durch die Taufe pneumatisch zum Bruder geworden: Bruder des *Paulus* wie auch seines bisherigen Besitzers.

Jesus kommt in Gleichnissen und Lehrstücken nur sparsam, in Auseinandersetzung mit Kritikern, auf "Väter" als Glaubensvorbilder zu sprechen (*Abraham, Moses,* den Täufer), sieht aber die um vorbildliche *Gesetzes*treue besorgten, vielfach bewunderten Pharisäer und Tora-Lehrer kritisch, lässt sie nur begrenzt gelten. Die Menschen, die ihm am Herzen liegen, sind die sich schwer tun; nicht Vorbilder, sondern offiziell zu meidende Sünder, Ausgegrenzte. Ihnen schenkt er erhöhte, in den Augen von ´Rechtschaffenen` skandalöse Beachtung. Die Konsequenzen aus dieser Kühnheit und barmherzigen Freiheit Jesu wagten Spät-Antike und Mittelalter nur in engen Grenzen anzuwenden.

Im Mittelalter galt ein *Christen*-Mensch als frei, weil geschaffen als Gottes Abbild, insoweit auch Rechtssubjekt in seiner Gesellschaft. Doch war er den Gliederungen dieser Gesellschaft eindeutig zugeordnet: als *Standes*-Persönlichkeit. Er war Jemand, indem er zu seiner Gruppe gehörte und deren Lebensstandard, Ideale, Werte, Denk- und Verhaltensmuster teilte. Seine Primär-Gruppe war die Kirche, die Taufe das Rechtssiegel.

Vor Gott aber - so das herrschende Bewusstsein - war er vorab Knecht (Sklave: Mt 10,24f), dem - bedingungsweise - die Freilassung (Erlösung) zugesagt ist, für deren Erlangung er sich per Lebensführung bewähren musste. Als Diener Gottes war er zu Demut verpflichtet; das schloss Verzicht auf individuelle Wünsche, auf "Selbstverwirklichung" und Ähnliches ein. Demut und Treue zu seinem Herrn schlossen Individualismus aus. Als *recht* oder fromm galt, wer *sich* entsagte, wer unter Verzicht auf sich selbst die christlichen Tugenden verkörperte und dem Sittenkanon entsprach, den Kirche und Gesellschaft ihren Mitgliedern vorgaben.

Da man die Vollendung eines Menschen erst im Himmel erwartet, galt Verzicht auf das Eigene als Glaube, sah man Unterdrückung eigener Wünsche und Ziele durch eigenes und fremdes Zutun *sub specie aeternitatis* als legitim, ja wünschenswert.

Individualität in religiösen Dingen galt als Eigensinn und roch nach Ketzerei, ein Konflikt, der verschiedene Anläufe zu einer "Reform" der

Kirche begleitete. Die individuelle *Persönlichkeit* musste sich gewöhnlich hinter der öffentlichen (Theater-) Maske (*Jungs* "Persona") verbergen.

Wie im archaischen Zeitalter verkörperten hervorragende Persönlichkeiten religiös-sittliche und Standes-Werte: Persönlichkeiten, die sich freilich nicht selbst hervorbrachten, die vielmehr - vom eigenen Willen gestützt - als Zeugen für die in ihnen wirkenden guten oder bösen Kräfte wahrgenommen wurden: der natürliche Mensch galt als Kampfplatz göttlicher und teuflischer Kräfte: er hatte gegen sich selbst zu kämpfen, um der ihm verliehenen Gnade zum Sieg zu verhelfen.[74]

Auch das Gerichtsgleichnis in Mt 25 empfahl die Lehre von den zwei Wegen, sichtbar auf Tympani mittelalterlicher Kathedralen (wie *Autun*): der Weltherrscher lässt Tugenden und Laster wiegen, das jeweilige Gewicht entscheidet, ob die Wege der Gewogenen im Himmel oder in der Hölle enden.

Ganz anschaulich wird hier der einzelne Christ auf das Allgemeine (Kirche, Gesellschaft, Stand, Tugenden, Ideale der Gruppe) verpflichtet; Eigen-Wille war suspekt und gefährdete die Gesellschaft oder das Kollektiv, dem er angehörte, gefährdete gleichermaßen ihn selbst.

Die Übernahme des *un*wesentlichen Begriffs des Individuellen von *Aristoteles* durch *Thomas von Aquin* und andere Autoren lag also auf der geschichtlich-gesellschaftlichen Schiene. Kaiser und Könige, Gelehrte und Dichter, heilige Außenseiter (wie *Bernhard von Clairvax,Katharina von Siena, Nikolaus von Flüe*) verkörperten wenigstens annähernd den modernen Begriff von individueller Persönlichkeit. Kritische, individuelle Bedürfnisse im Volk artikulierten sich u.a. in neuen Formen der Frömmigkeit (z.B. *Devotio moderna*).

In diesem Rahmen ist *Karl Poppers* Kritik an der hergebrachten, die Träger der Macht bevorzugenden Geschichtsschreibung beachtlich: Es gebe keine Geschichte der *Menschheit*, nur eine "unbegrenzte Anzahl" von Geschich-

---

[74] Ausführlich dazu *A,J, Gurjewitsch*, Das Weltbild des mittelalterlichen Menschen (dt. München 1997), bes. 327-351

ten "des unbekannten, individuellen Menschen: seine Trauer, seine Freude, seine Leiden und sein Tod". Kein Mensch sei "wichtiger als irgendein anderer". Vor Gott bedeutsam sei, was einige unbekannte "Fischer der Welt gegeben haben".[75]

---

[75] *K.R.Popper,* Die offene Gesellschaft und ihre Feinde 2 (München ⁵1977), bes. 336ff (mit Berufung auf *Karl Barth*)

Die Entdeckung des Individuums

Die christliche Tradition insistiert seit *Augustinus*, in den normalen irdischen Verhältnissen (*civitas terrena*) regiere die "Liebe zu sich selbst" (*amor sui*), die sich steigern könne bis zur Verachtung Gottes; wo aber Gott ernst genommen, geglaubt wird, zeige sich "Liebe zu Gott" (*amor Dei*), die beim Liebenden bis zur "Verachtung seiner selbst" (*contemptus sui*) gehen könne.[76]

Mit *Paulus* heben später die Reformatoren hervor, dass alle Menschen Sünder sind und unter Gottes Zorn stehen (Röm 1,18). Die "Erbsünde" sei eine dem Normalverstand unzugängliche Verderbnis und Schwäche.[77] Faktisch habe der Mensch, obwohl belehrt vom Gewissen, nicht die Gewohnheit, zu suchen, was Gottes Wille ist, sondern suche den eigenen Gefallen und Nutzen.[78]

Zwar offenbare das Gewissen dem Menschen das *Gesetz*, das entsprechende Werke fordert, und enthülle ihm seine Unentschuldbarkeit und Verlorenheit. Aber erst der Glaube, der sich Gottes erbarmender Selbstzusage in Christus öffnet, mache ihn gerecht.[79]

Gerade reformatorische Theologie scheint davor zu warnen, dem Menschen ein ´Recht` auf sein Selbst, sein Ego-Teil, zuzugestehen. So könnte es scheinen, wäre da nicht gerade *Martin Luthers* Wiederentdeckung der Froh-Botschaft nach *Paulus* (Röm 1,17), wonach der Sünder gerechtfertigt ist durch seinen *Glauben* an Jesus

---

[76] De civitate Dei XIV 28

[77] Schmalkaldische Artikel III *Von der Sünde* Nr.2 / *Von der falschen Buße der Papisten* Nr.1

[78] So *Luther* schon in der 28. These der Heidelberger Disputation. Zur Aktualität z.B. *M. Plathow*, M. Luthers „Heidelberger Disputation" u. das Reformationsgedenken 2017, in: Luther-Jahrbuch 82 (2015), bes. 262ff

[79] Von der Freiheit eines Christenmenschen Nr.6; vgl. Heidelberger Disputation, Thesen 20.22

Christus, damit zu sich befreit - nicht ohne in diesem Glauben auch jedermann dienend zugetan zu sein.[80]

Wie erinnerlich, wurde *Luthers* Intervention - die Freiheit des Christen, gesichert durch Hören auf das vom Evangelium belehrte individuelle Gewissen - zur geschichtlich-abendländischen Entdeckung des legitimen, gläubigen *Subjekts* (angeregt von *Augustinus* und seinen "Bekenntnissen").

Auch das Ungenügen der philosophischen Auffassung vom individuellen Menschen, die in ihm nur einen x-beliebigen Fall des Allgemeinen sieht ("dieses da"), wurde im Spätmittelalter empfunden.[81]

Duns Scotus setzt im Spätmittelalter einen neuen Akzent. Vom Gedanken an den Schöpfer jedes Menschen bewogen, postuliert er, *jedem* Menschen müsse ein *eigener* ontologischer Faktor, die "Diesheit" (*haecceitas*), zukommen, die ihn zum einmalig-unverwechselbaren Menschen macht. Ein *formaler* Begriff, aber *qualitativ* gemeint (nicht bloß "Das da" wie bei *Aristoteles*).

Statt "Diesheit" im Quantitativen (in der Materie) zu verankern, sieht *Scotus* sie als äußerste Aktualisierung der *Form* (*anima*), fundamental im Schöpfer-*Willen* verankert.[82]

Im Ausgang des Mittelalters erkannte *Nikolaus von Kues*, dass das Einzelne, Besondere nicht, wie man früher annahm, fast nichts, inhaltlos ist, dass *vielmehr* die Vielfalt, der *individuelle Reichtum* in der Welt die Einheit und die Fülle der Wirklichkeit *Gottes spiegeln*.

Cusanus sieht die vielfältig-unerschöpfliche Welt als "Erscheinung" (*apparitio*), als räumlich-zeitliche "Entfaltung", "Entrollung" (*explicatio*)

---

[80] Von der Freiheit eines Christenmenschen Nr.1 u. 6

[81] Zur Problem-Entwicklung: *H. Heimsoeth*, Die sechs großen Themen der abendländischen Metaphysik, 172-203

[82] *E. Gilson*, Johannes Duns Scotus (dt. Düsseldorf 1959), 461-484; *F.C. Copleston*, Geschichte der Philosophie im Mittelalter (dt. München 1976), 212

des unsichtbaren Schöpfers, denn "Gott ist alles, was sein kann", da er "*vor dem Nicht-sein steht*", sodass *in ihm* keine ´Andersheit` (*alteritas*) besteht.

So führt *Nikolaus* die klassische Metaphysik weiter: das Wirkliche (*actus*) geht ein in das Mögliche (*potentia*), das Allgemeine in das Besondere, das Ganze in den Teil und in das Teilbare, die Art in das Individuum (De coniecturis/Die Mutmaßungen I / XII).

Die universale Tendenz der Kreatur Mensch mache, dass er "Gott ist, freilich nicht absolut", sondern "Gott in Menschenart", "kontrahiert" (zusammengezogen), so wie der Mensch, ähnlich "kontrahiert", der Kosmos ist (ebd. XIV).

Das eigenständige Universum ist *in jedem Geschöpf gleichsam kontrahiert* da. Ein jedes enthält auf *seine,* einzigartige Weise quasi das All, und ist das All *kontrahiert*-eigenständig gegenwärtig in diesem ´Ding` (Stein, Pflanze, Tier, Mensch). Deshalb ist jedes, jeder und jede einzelne, das, der oder die existiert, *unvergleichlich, einzig* (*singularis*), kein Geschöpf gleicht dem anderen. Darum ist auch nichts Existierendes erschöpfend erkennbar.

Jede *Eigenständigkeit* (*hypostasis*) geschaffener Wesen, auch die des Menschen, hat teil an Dem, der *in sich* Einheit ist. Es wird dadurch zu seiner eigenen Einheit (*monas*) gefügt; doch die Vielheit der Monaden ist "eingefaltet in der allerersten Monade" (scil. Gott, Schöpfer).

Jedes Geschöpf hat eigene Vollkommenheit, "trachtet nicht danach, ein anderes Geschöpf zu sein ..., sondern liebt das, was es empfangen hat, als göttliches Geschenk und *ist Wunsch* und Sehnsucht, das Empfangene unvergänglich zu vollenden und zu bewahren" (De docta ignorantia II,2).

Diese Sicht hat Konsequenzen für die Verkündigung des Evangeliums wie auch für das Verständnis des Universums und des Menschen als Mikrokosmos.

In seinen Predigten baut *Nikolaus von Kues* bildhaft auf seinen theoretischen Erkenntnissen auf, etwa in einer Ansprache zum Epiphanie-Fest. Die Sternkundigen aus dem Osten finden, weil sich ihre Weisheit mit Demut eint, den Knaben mit seiner Mutter. Das bedeute jedoch "den Sohn Gottes und Mariens, den Mittler zwischen Gott und Mensch zu finden", darin aber auch "die Koinzidenz von Stall und Palast". So trägt "jeder Mensch in sich einen Stern, der vom Aufgang her ihn selbst bis zu Jesus, dem Wort Gottes, führt ... Der Stern zieht vor uns her; das Denken nämlich führt uns zur Quelle des Lebens".[83]

Cusanus verarbeitet hier eine frühe Erkenntnis *Platons:* jeder Mensch trägt in sich eine *Erinnerung (anámnesis)* an eine vorbegriffliche, universale, vorweltliche, vorgeburtliche Wirklichkeit. Doch vertieft er *Platons* Einsicht und versteht den Menschen als "lebendiges, sich selbst gestaltendes und entwickelndes Bild Gottes", begründet in der Menschwerdung Gottes in Jesus Christus.

So gehört es auch zur Seinsweise (*conditio*) der Einheit (*monas*) Mensch, "dass sie *sich* zum Ziel der Ausfaltungen macht, da sie Unendlichkeit ist", "Gott und Welt umgreift, aber in seiner menschlichen Potenz" und Einzigartigkeit. Da Gott die "Einfaltung von allem, auch des Gegensätzlichen" (*complicatio omnium*) ist, kann nichts seiner Vorsehung entgehen: "ob wir etwas oder ein Gegenteiliges oder nichts taten, alles war in seiner Vorsehung impliziert".[84]

Diese Sehweise ist Aufnahme und zugleich Füllung der früheren Einsicht des *Aristoteles,* dank ihrer Erkenntniskraft sei die Seele (*psyché*) "gewissermaßen das All" oder "alle Dinge" (*tà ónta pánta*) des Kosmos (Über die Seele III 431b), eine Aussage, die sich *Thomas von Aquin* (in *De veritate,* in der *Summa contra Gentiles* usw.) wörtlich zu eigen macht.

---

[83] *Nikolaus von Kues*, Predigten im Jahreslauf (Hg. *H. Schwaetzer* / Münster 2001), bes. 18-21

[84] De docta ignorantia/Die wissende Unwissenheit I-II; De coniecturis/ Mutmaßungen II; De principio/Über den Ursprung; Trialog de possest/Über das Sein-können;

Vorbereitet wurde diese Sicht vom *pythagoreisch-stoischen* Bild vom Menschen als Mikrokosmos.

Doch wird die metaphysische Einsicht von *Cusanus* offenkundig biblisch und christologisch vertieft im Anschluss etwa an das Gleichnis von den Talenten bzw. Minen (Mt 25,14-30; Lk 19,11-27) sowie an Aussagen im Epheser- und im Kolosserbrief des Neuen Testamentes.

Im 17. Jahrhundert greift *Gottfried Wilhelm Leibniz* wesentliche Einsichten des *Cusaners* auf, führt sie weiter und verschmilzt den Begriff der Substanz mit dem Ich bzw. mit der Seele.

Thomas von Aquin hatte (mit *Avicenna*) gelehrt, bei den *körperlosen Geistern* (Engeln) fielen die Individuen mit den Arten (*species*) zusammen.[85]

Mit *Cusanus* korrigiert *Leibniz*: Das gilt für alle und jedes, "für alle Substanzen", auch Menschen. "Jede Person oder Substanz" sei "gleichsam eine Welt im ganzen und ein Spiegel Gottes", das Universum "werde gewissermaßen so viele Male vervielfältigt, wie es Substanzen gibt".

Hatte man früher das Individuum bloß numerisch-quantitativ bestimmt und undefinierbar (weil un-*wesen*tlich) genannt, nennt *Leibniz* es zwar auch undefinierbar, doch aus dem entgegengesetzten Grund: "Raum und Zeit bestimmen nicht die Dinge, die sie enthalten; vielmehr werden sie [Raum und Zeit] selbst bestimmt durch die Dinge, die sie enthalten". Das *Prinzip der Individuation* sei nicht quantitativ, sondern *qualitativ*, "weil die Individualität den Unendlichen in sich birgt; nur er ist fähig, es zu begreifen ... Das kommt vom Einfluss ... aller Dinge des Universums auf einander."[86]

---

[85] "quot sunt ibi individua tot sunt ibi species": De ente et essentia V; Summa contra gentiles c. 93

[86] Nouveaux essais sur l`entendement humain liv. III, chap. III: Opera Philosophica (Aalen 1959). [Übers. des Zitats K.F.]. *Leibniz* stellte als erster das Universum als "*Wirk*zusammenhang" dar: *Meurers* a.a.O., 31. Die Elementarquanten der Mikrophysik erscheinen indirekt anschlussfähig an diese Sicht.

In jeder Person seien ihre kommenden Taten und Leiden schon vorenthalten, sodass sie in der Geschichte ihrer Akte und Widerfahrnisse wahrhaft immer mehr zu sich komme.[87]

"Monade" ist ein jedes Individuum. Die Differenz aller Seienden müsse in deren dynamischer Individualität gründen, die sich nach ihrem inneren Gesetz selbständig auspräge oder entwickle (*Entelechie*). In der Entelechie, d.h. in der ursprünglichen Kraft und Aktivität *jeder* Monade spiegle sich des Schöpfers Erkenntnis und Wille. So sei erst das, die oder der Einzelne ein *voller* Begriff des jeweiligen Wesens, so auch beim Menschen, indes die Allgemeinbegriffe unvollständig und abstrakt seien, das heißt, ein Minus an Wirklichkeit enthielten. Zum Vollbegriff des einzelnen Menschen gehöre die ganze Lebensgeschichte - eine dynamische und geschichtliche Sehweise.[88]

In *Leibniz*` Denken ist die final ausgerichtete Monade, auch die Mensch-Monade unanschaulich wie ein Massenpunkt in der Physik, abstrakt wie der Differentialquotient der Infinitesimal-Mathematik.

Die unanschauliche Monade verhält sich zur wahrnehmbaren und wahrgenommenen Welt ähnlich wie der Argument-Bereich zum Bild- oder Anschauungs-Bereich der Mathematik: die erlebbare, raumzeitlich ´gequantelte` Realität verhält sich zur Monade ähnlich ausschnitthaft und rein bildhaft wie die graphische Kurve zur Dynamik des Massenpunktes. Wir sehen und erleben also bruchstückhaft nur die Außenseite der Schöpfung Gottes: dieser - der Schöpfung - Rechtfertigung gilt das philosophisch-theologische Bemühen von *Leibniz*. Der göttliche Geist hat die Welt für alle Zeiten und im voraus - für uns aber nicht anschaulich - stabilisiert. [89]

---

[87] Discours de métaphysique / Metaphysische Abhandlung (von 1686) Nr.8-17; Neues System der Natur und der Verbindung der Substanzen ... in: *Leibniz,* Fünf Schriften zur Logik und Metaphysik (dt. Stuttgart 1966)

[88] Dazu: Monadologie, sowie z.B. Metaphysische Abhandlung Nr.27. 30. 31

[89] Darstellung u. Diskussion bei *R.Spaemann/R.Löw*, Die Frage Wozu? (München Zürich 1981), 114-121

Leibniz sieht folglich das menschliche Subjekt (die Person) nicht in vorwiegend passiver Rolle als komplexes Bündel von Prägungen und Einflüssen, sondern (den Entelechie-Gedanken aufnehmend) erkennt ihm eine elementare Dynamik der Selbst-Darstellung, Selbstentfaltung und Selbst-Vollendung zu, greift auf Einsichten des *Cusaners* zurück und gibt eine gefüllte Variante der aristotelisch-thomanischen Einzelseele, die "gewissermaßen das All" ist.

Diese Sicht liegt partiell auch der päpstlichen Umwelt-Enzyklika "Laudato si`" zugrunde. Sie spricht vom "Universum, das aus offenen Systemen gebildet ist, die miteinander in Kommunikation treten", und "unzählige Formen von Beziehung und Beteiligung entdecken" lasse. Eines der "offenen Systeme", aus den anderen "nicht gänzlich erklärbar", sei die "persönliche Identität, die fähig ist, mit den anderen und mit Gott selbst in Dialog zu treten".[90]

Für eine mit *Cusanus* und *Leibniz* analoge Sehweise plädiert auch der jüdische Philosoph und Theologe *Leo Baeck* (1873-1956): Alles, was wir in und von der Welt sehen, "bietet sich als die unendliche Fülle und Reihe der *Individualität* dar". Wir gewahren nur individuelle Pflanzen, Bäume, Menschen. Sie können "nicht definiert", "nur konstatiert werden". Jede Individualität kann ihren Ursprung nur in "einem Schöpfungsakt haben". Alles Individuelle ist gesetzmäßige, strukturierte Dynamik. Wie *Leibniz* erklärt *Baeck* "*individua sunt universalia, universalia sunt individua*". Zugleich sind die individuellen Existenzen aufeinander "bezogen". Als Individuen sind Menschen sich nicht bloß gegeben, sondern sich *auf*gegeben, *sollen* ihre Individualität auch gleichsam erschaffen, damit Individualität als Gabe und als Aufgabe nach Gottes Berufung eins würden. Der individuelle Mensch ist das geborene Genie, also ein Wunder und Geheimnis, zutiefst eine Offenbarung des Schöpfers.[91]

So betrachtet hat ein Mensch vom Schöpfer *nicht nur* die Aufgabe und Bestimmung, den durch die Gebote erlaubten und begrenzten Weg

---

[90] *Papst Franziskus*, Laudato si` (dt. Stuttgart 2015), Nr. 79. 81

[91] *L. Baeck*, Individuum ineffabile: Eranos Jahrbuch Bd. XV (Zürich 1948), 385-436, hier 385-392.400.406f.412.426

einzuschlagen, den durch Verbotstafeln (negative Gebote) gekennzeichneten Weg zu meiden. Vielmehr soll er *sich* entfalten, soll die *ihm* vom Schöpfer verliehene *Individualität*, ihre Besonderheit, ihren Reichtum zur Ehre und zum Ruhm Gottes, wie auch zum eigenen Glück entwickeln und hervorbringen.

Zur Erinnerung: eine Grundform solcher *Selbst*gestaltung und *Selbst*-darstellung ist nach dem Biologen *Adolf Portmann* analog schon in allen vormenschlichen Lebewesen lebendig (s.o.).

Das heißt nicht, die Wege von *Geboten und Verboten* seien nur Hindernisse der Selbstgestaltung. Ge- und Verbote führen zu Mitmenschen hin oder, bei Nichtachtung, von ihnen weg. *Sie positiv/negativ in die Selbstentfaltung einbeziehen* hilft dem individuellen Menschen erst zur Vollgestalt.

Auf dieser Einsicht fußt *Immanuel Kants* Autonomie-Gedanke: Jeder Mensch hat ein individuell-selbständiges Gespür für Gut-Böse / verantwortlich-unverantwortlich. Er ist "mündig", "autonom", indem er seine Handlung so normiert, dass sie zugleich die Handlungen anderer Menschen normieren kann/soll. *Leibniz`* Idee von der die universale Schöpfung enthaltenden, den Schöpfer spiegelnden Monade fasst *Kant* ähnlich formalunanschaulich: Ich, Welt und Gott als *transzendentale Ideen*.

Der Kampf um die Person

Die Einsicht in die *qualitative* Individualität seit *Cusanus* und *Leibniz* vertiefte sich, freilich mühsam, zunächst gegen die totalitäre Philosophie des Deutschen Idealismus.

Hegels Setzung, der Welt-Geist, vorab außer sich, strebe zu sich kommend zum absoluten Bei-sich-sein, veranlasste *Sören Kierkegaard*, den Menschen (in Anlehnung *und* Protest gegen *Hegel*) zu verstehen als "Existenz", d.h. als endlichen Geist - oder endliches "Selbst" -, der bzw. das sich zu sich selbst verhält. Genauer: den Menschen zu verstehen als Verhältnis, das - als Verhältnis von Zeitlichem und Ewigem, von Freiheit und Notwendigkeit - sich zu sich selbst verhält. Die Gabe ist zugleich Aufgabe. Da nun *ein Anderer* dieses Selbstverhältnis Seele/Leib setzt, verhält sich das Selbst, indem es sich zu sich als Verhältnis verhält, zugleich zu jener Macht, die es gesetzt hat.

Hier sieht *Kierkegaard* die Berufung, die das Christentum an die Menschen vergibt: "es zu wagen, ganz man selbst zu sein, ein einzelner Mensch, dieser bestimmte einzelne Mensch, allein direkt Gott gegenüber, allein in dieser ungeheuren Anstrengung und dieser ungeheuren Verantwortung". [92]

Einen Gegenschlag führte *auch Karl Marx,* um *Hegel* und seine ´Theologen` vom Kopf auf die Füße zu stellen. Doch bleibt er, wo er vom Menschen spricht, wie *Hegel* beim Allgemeinen stehen: Das Wesen des Menschen sei nicht bloß die "die Vielen natürlich verbindende Allgemeinheit", vielmehr das "ensemble der gesellschaftlichen Verhältnisse" (s.o.). *Marx* dringt nicht zum Person-Begriff vor, weil ihn diese Perspektive nicht interessiert.

Nicht nur der Mensch im *Herakles*-Mythos (Zwei-Wege-Wahl) steht vor dem Horizont der Götter. Auch der *seinen* Weg, seine individuelle Geschichte wählende Mensch steht wählend – thematisch / unthematisch -

---

[92] Die Krankheit zum Tode, Vorwort.- Diese Sehweise spiegelt quasi *Luthers* Auftritt in Worms, der das neuzeitliches Existenz-Denken mit begründet: *S. Kierkegaard*, Der Begriff Angst (1844); *H.U. von Balthasar*, Der Christ und die Angst (Einsiedeln ³1954); *M. Buber*, Das Problem des Menschen (Heidelberg ⁴1971), 88-93

vor einem absoluten Horizont. Der an das Absolute rührende Horizont ermöglicht ihm erst die Wahl zwischen konkreten Wegen und Gütern. Das Absolute ´im` Horizont wird ihm im Riskanten, Unsicheren jeder Wahl auch indirekt bewusst - sogar fühlbar in der *Angst* vor der Wahl, verstärkt im verzweifelnden (Absolut-) Setzen einer der Komponenten seiner Konstitution anstelle der Bejahung seiner Existenz als Ganzes. Die Verzweiflung sucht *undialektisch* die Absolutsetzung *entweder* des Leiblichen *oder* des Geistigen. Doch meldet sich das Lebensangebot Gottes in Christus, das den Geplagten Ruhe verschaffen will.[93]

Ein Verhältnis, eine Relation zu sich selbst als Gesetztem und *darin* auch zu Gott zu sein, statt sich nur als ein *in sich* stehendes Wesen zu nehmen, darin liegt der Begriff der *Person*.[94]

Darin liegt nun auch der Auftrag: Person nicht nur als Anlage sein, sondern Person werden, *ich selbst* werden. Denn "Ich bin. Aber ich habe mich nicht. Darum werden wir erst" (*Ernst Bloch*). Noch bin ich nicht *ich*.

Der animalische Instinkt im Menschen führt hier nicht weiter, vielmehr öffnet sich ein Spalt zwischen dem denkendem Selbst und dem gedachten, vorgestellten, erwünschten (zuweilen auch verwünschten) Selbst. Es geht darum, *diese* Person in ihrer letzten Unerklärbarkeit, ja Fremdheit (Synthese von Geist und Körper, von Ewigem und Zeitlichem) sein zu wollen, also *sich anzunehmen*.[95]

Hier bricht die alte Kluft wieder auf zwischen *Sein* und *Sollen*; nur ist das Sollen jetzt nicht bloß allgemein, sondern zudem *individuell*.

---

[93] *Kierkegaard,* Einübung im Christentum (1848);

[94] *R. Guardini*, Der Ausgangspunkt der Denkbewegung Sören Kierkegaards, in: Unterscheidung des Christlichen (Mainz 1935), hier: 469ff

[95] *R. Guardini,* Die Annahme seiner selbst (Würzburg ³1962); *Baeck*, Individuum, 399f

An diesem Punkt bringt sich noch einmal die Grundfrage in Erinnerung: Steht denn der einzelne Mensch nicht unentrinnbar vor, ja unter dem Allgemeinen?

Auch *Baeck* betont, der individuelle Mensch in seiner Einzigartigkeit sei gerufen, durch freie Bejahung des Sittengesetzes, "durch das Sittliche frei zu sein" (a.a.O. 408f).

Katholische Tradition erblickt die Vollendung der individuellen Freiheit in der Bejahung des Guten: je mehr jemand das sittlich Gute wählt, desto freier werde man. Wer seine Existenz auf Gott, den "Guten", ausrichte, werde vollkommen frei.[96]

Daraus folgern viele, die gottgewollte Individualität des Menschen vollziehe sich in seinem freien Ja - oder Nein - zu Gottes *Gesetz* (zum sittlich Allgemeinen). Das Sittengesetz fordere "vom Menschen nur, sein *wesenhaftes*, in seiner Natur vorgezeichnetes Selbst zu sein".[97]

So werde er frei *von* irdischen Mächten und Gewalten, auch vom "Erbe" (*Baeck*).

Nun gilt es zu differenzieren:

Zwar ist das Ja zum sittlich Allgemeinen *condicio sine qua non* individueller Berufung zur Freiheit. Doch wenn jeder Mensch (als Monade) *seinen* Gott hat, d.h. zu Gott ein allgemeines *und* individuelles Verhältnis hat, hat er zu Ihm auch ein *existenzielles* Verhältnis, wie ER zu ihm (s. Joh 10,3).

Ablesbar ist dies u.a. an Jesu Person. *Jesus* bejaht, obwohl in Einzelfragen kritisch, grundsätzlich die Tora als Wille Gottes. Die Tora, akzeptiert als Gottesgabe, regelt das Gemeinschaftsleben und die Beziehung aller Individuen zum "Volk" und basal zum "Herrn". Jesus aber schöpft zudem aus

---

[96] Katechismus der Katholischen Kirche (von 1993), Nr. 1731-1733

[97] *Messner* (a.a.O.),53/Hervorh. v. mir: *Wesen* u. *Selbst* fallen zusammen. Auch sei klargestellt, was "Persönlichkeitsethik" bedeutet: ebd. 104. Doch das *Allgemeine* macht *kein Selbst. M.* verkürzt den Daseinsauftrag des Menschen

seiner einzigartig-individuellen Beziehung zu Gott, zum "Vater": Grundlage von Botschaft *und* partieller Gesetzeskritik. Analog ist es um die Jünger und nachfolgende Christen bestellt.

Ihnen macht *Paulus* Kirche als *Leib* anschaulich, wo die einzelnen Glieder Träger *individueller Charismen* sind und zum Wohl des "Leibes" (Kirche) zusammenwirken (1Kor 12,4-31; 13,1-7).

Das Bild wehrt aber nicht bloß dem Individualismus, es setzt ja voraus, dass die individuell unterschiedlichen Gnadengaben oder Charismen von ihren individuellen Trägern angenommen und entfaltet werden, um für das Ganze *und* für diese selbst fruchtbar sein zu können.

Philosophische Anthropologie[98] konzediert, dass der einzelne Mensch für seine Reifung, ja für sein Überleben auf die Gesellschaft angewiesen ist, zu dieser aber stets auch in Spannung steht.

Jede Gesellschaft übt als massive Mehrheit unablässig sozialisierenden (physischen, psychischen, geistigen) Druck auf die Individuen aus, Druck, der in demokratisch organisierter Offener Gesellschaft durch das verfasste Recht wie durch Engagement und Widerstand freier gesellschaftlicher Gruppen so weit ausgeglichen wird, dass die individuelle Entfaltung der Personen und ihrer Potenzen gefördert, statt behindert wird. Durch Zugehörigkeit zur Gesellschaft partizipiert der Einzelne an deren Kultur; ist die Person als Sozialwesen weithin auch Kulturwesen.[99]

Doch nicht die Gesellschaft als solche entwickelt die Kultur oder führt sie produktiv weiter. Das tun begabte, gesellschaftlich (solidarisch-subsidiär) geförderte Individuen.

---

[98] *E. Coreth,* Was ist der Mensch? Grundzüge einer philosophischen Anthro-pologie (Innsbruck 1976), 177-181

[99] *M. Landmann*, Philosophische Anthropologie (Berlin-New York 41976), 187f; *Coreth,* Was ist der Mensch?, 177ff

"Der Mensch" werde erst dann, beharrt aber parteilicher Marxismus, der "Schöpfer der Geschichte", wenn eine "erkannte Notwendigkeit" in der Gesellschaft ausgiebig diskutiert und mehrheitlich Allgemeingut wurde. Hierzu seien Beiträge von Individuen hilfreich. Doch muss es keineswegs stets dialektisch gebildete "Notwendigkeit" sein, die den Fortschritt "legitimiert"; dieser kann auch durch freie - künstlerische, religiöse, fachliche - Beiträge motiviert werden. Zugespitzt: "Sozial ist er [der Mensch] als Geschöpf, individuell als Schöpfer von Kultur".[100]

Hinzu kommt, dass bei aller biologischen Prägung und soziologischen Abhängigkeit jedem Ich - wenigstens latent - ein *individuell-personales Gottesverhältnis* eignet.

Um die Mitte des 20. Jahrhunderts ging Theologen vermehrt auf, dass die Erkenntnis der *Individualität* jedes Menschen, in der *Personalität* verwurzelt, wegen seiner je individuellen Gottesbeziehung eine differenziertere Ethik als die reine Wesensethik nötig mache.

Diese Einsicht wurde durch die Auseinandersetzung u.a. mit der *Existenzphilosophie* angetrieben.

Obwohl der christliche Personalismus schon früher die fundamentale Einmaligkeit jeder Person hervorhob, dominiert in christlicher Ethik und Moraltheologie der Aspekt des Allgemeinen und dessen Ansprüche an die Einzelnen.

Die in der Erziehung durch Institutionen gewohnheitsmäßige Unterbelichtung des Ranges der *einzelnen Person* vor Gott, zumal in moralischen Fragen, hatte u.a. *Jean Paul Sartres* atheistische Anthropologie provoziert, die das Verhältnis Gott-Mensch massiv und polemisch umkehrt.

Sartre wendet sich vehement gegen die Vorstellung, der Schöpfer mache sich vom Menschen ein allgemeines Bild und stelle danach den Menschen her nach Art eines Werkzeugs (wie etwa eines Papiermessers).

---

[100] *M. Landmann*, (a.a.O.), 187; *E. Coreth*, Was ist der Mensch? (a.a.O.)

Im Protest gegen diese Vorstellung, die die spezifische Würde des menschlichen Subjekts aufhebe, postuliert er, *die Essenz* (das Wesen) des Menschen gehe der Existenz *nicht voraus* (wie in traditionell christlicher Anthropologie und Ethik), sondern *folge ihr nach*; die Existenz selbst in ihrer Freiheit sei es, die ihr eigenes Wesen Mensch nach ihrem Willen und Verstand erschafft.

Damit griff *Sartre* in der Sache das Thema des *Pico della Mirandola* auf: in *Pico*`s Rede über die Menschenwürde, fast 500 Jahre früher, lässt der Schöpfer verlauten, er habe Adam, anders als andere Geschöpfe, seinem eigenen freien Willen überlassen, damit er selber seine Natur sich bestimme: *ut tibi illam (naturam) praefinies,* Gegenbild zu den zwei Wegen, vor die *Herakles* gestellt ist.

In *Sartres* Augen will der Gott der Kirche solche Freiheit verwehren. Daher sei die Freiheit des Einzelnen, der allerdings seine Freiheit *verantwortlich* gebrauchen soll, unvereinbar mit dem Glauben an den Schöpfer.

Das Allgemeine ist bei *Sartre* der Freiheit *nach*geordnet: ihrem *verantwortlichen* Gebrauch. Meine persönliche Wahl soll die Menschheit binden, soll jeden Menschen, dessen Freiheit und Wohl *mit* wählen. Daher gelte: "Ich erbaue das Allgemeine, indem ich mich wähle". Eine für alle geltende *Norm* bestehe also nicht früher als der Mensch, sondern *entstehe nach ihm* und *durch ihn*: gesetzt vom verantwortlich wählenden Menschen.[101]

Der junge *Sartre* hatte eine populär-einseitige Vorstellung von Gott induziert bekommen, wie die Autobiographie *Les Mots* (Die Wörter) aufzeigt: einen "Gott des Zornes", der Menschen "unterjocht", einen "obersten Chef" und "*surveillant*" (Aufpasser), gegen dessen erniedrigendes "Auge" sich schon das Kind empörte.

Es waren vor allem die Höllenfurcht und die Auffassung, der Mensch sei so anfällig für Sünden wie für Viren, sei also in Gefahr, "verloren zu gehen", die bewirkten, dass - konfessionsübergreifend - kirchliche Pädagogik

---

[101] So in *Ist der Existentialismus ein Humanismus?* (von 1946). Welche Dimensionen die Auseinandersetzung heute an diesem Punkt erreicht, zeigt die Kontroverse *M. Striet - K.H. Menke*: s. Herder-Korrespondenz 2-4 /2017

ähnlich wie staatliche Pädagogik im Eigen-Willen eines Menschen, schon beim Kind, ein Negativum sah, das man unterdrücken muss ("Brechung des Willens").[102] Aus solchem Misstrauen gegen individuelle Willensäußerungen und Wünsche suchte kirchliche *Ethik* gewohnheitsmäßig Orientierung beim *vor-subjektiv/ überindividuell-Allgemeinen,* wie bei *Platon / Aristoteles* vorgezeichnet.

Dass die *Gattung* Mensch - ein *über*geordneter Begriff - auf Kosten des Individuellen bis heute primäre Geltung beanspruchen kann, lag jedoch auch an der neuzeitlich aufkommenden Naturwissenschaft, die nomothetisch, auf Allgemeines (Gesetz, Klasse, Gattung, Art, Typus) bezogen, arbeitet. Diese Art Denken erschien, verglichen mit dem Studium der komplexen Einzelperson und deren individuellem Schicksal, einfacher: es zeitigt verallgemeinerbare, leichter praktikable Ergebnisse.[103]

---

[102] Opus-Dei-Gründer *J.Escriva de Balaguer* plädierte für "heiligen Zwang" gegen jene, die in Ausübung ihrer Freiheit "ihre Seele zerstören wollen": Der Weg Nr.399. Diese Einstellung erleichtert auch beklagenswerten *Missbrauch. -* Mao Zedongs "Kulturrevolution" wollte den ganz "selbstlosen Neuen Menschen" schaffen mit Mio Todesopfern.

[103] Auch *Pascal* vermutet, die Menschen, weil sie fröhlich sein wollen, beschäftigten sich lieber mit den abstrakten Wissenschaften als mit dem Menschen selbst: Pensées, fr. 144

Die existentielle Berufung

Zweifellos muss es allgemeine, für alle gültige Prinzipien der Art "Du sollst" geben, die das oft schwierige, von gegensätzlichen Interessen belebte Miteinander regeln: sei es durch Zwang, sei es durch Appell an den freien guten Willen.

Aber der einzelne Mensch als Geist und Freiheit ist nicht nur Einzelfall eines Wesensgesetzes noch bloßer Schnittpunkt allgemeiner Wahrheiten. Denn er wird *individuell von Gott angerufen* durch "Imperative", auch formal unterschieden von Sollens-Prinzipien, die ausnahmslos für alle gelten.[104]

Daher braucht es ethischen Raum für die gottgewollte Individualität des Menschen, der, persönlich von Gott gerufen und geführt, einen Weg geht, der aus allgemeinen Prinzipien, die für *alle* gelten, nicht ableitbar noch beurteilbar ist, ein Weg aber, zu dem die "Unterscheidung der Geister" in den Wahl-Regeln des *Ignatius von Loyola* anleitet.[105]

Luthers Ringen um den "gnädigen Gott" und sein persönliches Heil bewirkte in der europäischen Kirchen- und Glaubensgeschichte den Aufbruch in ein neues Bewusstsein und neues Bedürfnis im Raum von Religion und Glaube: das Bedürfnis nach individuell-persönlicher Gewissheit, nach verlässlicher Erkenntnis Gottes und seines Willens für *mich* und *mein* Leben.

Jetzt genügte nicht mehr zu wissen, was Gott allgemein, von jedem Menschen, jedem Gläubigen erwartet. Das Gefühl für die Einmaligkeit jedes Menschen, für ihr "persönliches" Schicksal vor Gott brach sich Bahn,

---

[104] *K. Rahner*, Prinzipien und Imperative, in: Das Dynamische in der Kirche (Freiburg/Br. 1958), 18; s.a. *Rahner-Vorgrimler*, Art. Existentialethik: Kleines Theologisches Wörterbuch (Freiburg-Basel-Wien [10]1976); *H. Vorgrimler*, Art. Existentialethik: Neues Theologisches Wörterbuch (Freiburg/Br. 2008)

[105] *K. Rahner*, Die Logik der existentiellen Erkenntnis bei Ignatius v. Loyola, in: Das Dynamische (a.a.O.),74-148; s.a. *K.P. Fischer*, Gotteserfahrung. Mystagogie in der Theologie K. Rahners u. in der Theologie der Befreiung (Mainz 1986), 47-64

von vielen innerhalb und außerhalb der Kirche mit Unverständnis, ja Argwohn registriert. Es kann, historisch-psychologisch gesehen, nicht überraschen, dass die (erst nur) religiöse "Wende zum Subjekt" auf Unverständnis stieß und, als Mangel an Demut und Glaube verdächtigt, Misstrauen und Widerstand bis zu Verfolgungen und Waffengängen hervorrief.

Auch ist geschichtspsychologisch nicht überraschend, dass, ebenfalls nach langem Ringen und der Häresie verdächtigt, ein anderer Gottsucher, *Ignatius von Loyola,* etwa zeitgleich nach seinem ganz persönlichen Weg sucht, Gottes Wille für sein Leben, für einen Neu-Entwurf zu erforschen.

Beide Persönlichkeiten sind Exponenten für die "Wende zum Subjekt", mehr noch für die Entdeckung der Einmaligkeit jedes Menschen und die Erfassung des spezifischen Gotteswillens *für* und seines besonderen Rufes *an* eine individuelle Existenz.

Auch hier gibt die jüdische Stimme Echo: "Der Mensch soll selbst auch Schöpfer, gleichsam sein eigener Schöpfer sein, er selbst auch soll seine Individualität, seine Existenzform, seine Einheit und Ganzheit formen, sie gewissermaßen schaffen ... Individualität ist hier nicht nur Tatsache, sondern sie wird verwirklichte Tatsache ... Existenz ist ... auch ein zu Erfüllendes".[106]

Diese Sichtweise, gebunden an Namen wie *Kierkegaard, Baeck,* davor *Cusanus, Leibniz, Guardini, Luther, Ignatius* klang und klingt vielen ungewohnt (ja verdächtig). Natürlich hatte man früh registriert, dass Christen (wie Menschen sonst) verschiedenartige Begabungen und Neigungen (Charismen) empfangen und ihnen selbst oft nicht klar ist, welchen der - etwa beruflichen - Wege, für die sie begabt sind, sie auch wählen *sollen* (als individuelle *Berufung*).

Neben Normen, Gesetzen spricht "Kirche" gern von "Räten /Ratschlägen" Gottes für gläubige Menschen, um die Forderungen der Bergpredigt von

---

[106] *L. Baeck,* Individuum, aaO 400. *B.* sieht den Menschen unter dem Schöpfer-Willen u. - Ruf.

der von jedermann erwarteten Erfüllung der Zehn Gebote, der bürgerlichen Gesetze, Anstandsnormen u.ä.zu unterscheiden.

Hier deutet die Überwindung des Selbstischen sich zugleich als dessen Vollendung an: die Person *erstrebt* ihre Vollendung, indem sie ihr Innerstes, Tiefstes *sich schenken lässt*

Das wird fühlbar etwa in der Begegnung des reichen jungen Mannes mit Jesus (Mk 10, 17-22 Par). In dem Mann nagt Sorge um sein Heil. Er sucht Gewissheit *für sich selbst*. Er beachtet schon sorgfältig die Zehn Gebote. Wie aber findet er Gewissheit, dass ihm ewiges Leben wie verheißen zuteil wird? Als Jesus, seine persönliche Begabung erkennend, ihm nahelegt, sich von seinen materiellen Gütern zu trennen, um sich frei, ungeteilt Gott zur Verfügung zu stellen, zuckt der Mann zurück: das traut er sich nicht zu und sucht betrübt das Weite.

Jesus erkennt und anerkennt hier die Realität einer *persönlichen* Berufung.

Der Dialog hätte anders enden können: Beglückt, weil seine in ihm bohrende Frage klare Antwort fand, hätte der Mann Gott dankend sich Jesus anschließen können. Die *persönliche* Lebenschance des jungen Mannes verstrich aber ungenützt. Er verpasste *seine* individuelle Vollendung. die gerade ihm angebotene Sinn-Findung; er versäumte "das Einmalige" (*K. Rahner*), sein Einmaliges, das *ihm selber dank seiner Gaben* hier und jetzt *Mögliche, Zugedachte, Angebotene.*

Jesus lässt durchblicken, dass Gott noch andere Wege hat, einen Sinn suchenden Menschen zu gewinnen. Es geht um Suchen und Finden des Schöpferwillens für die Ausrichtung der je einmaligen Existenz auf ihre einmalige Vollendung hin (ihr persönliches "Heil"). Es geht um den 'Namen`, bei dem Gott mich ruft - heißt, um mein wahrstes oder tiefstes Selbst, meine Persönliche Berufung". Es geht in den "Übungen" des *Ignatius von Loyola* darum, "dass ich [in] immer größerer innerer Freiheit des persönlichen Planes Gottes mit mir gewahr werde".[107]

---

[107] *H. Alphonso*, Die persönliche Berufung (Münsterschwarzach 1993), 14f. Nota: Jes 43,1 meint *primär* Israel

Die Anregung des *Ignatius* wurde von Moraltheologen aufgenommen: Gottes Wille, der sich auf *diesen* individuellen Menschen bezieht, gehöre - nicht weniger als die Zehn Gebote - "zum Inhalt der konkreten sittlichen Forderung", die Gott an den Menschen stellt.[108]

Eine normativ denkende Theologie tut sich dennoch schwer, der Existential-Ethik Raum zu geben.

Bezeichnend die Ausdrucksweise der traditionellen Sicht. Man erklärt (mit *Thomas von Aquin*) die *Sünde* als Verstoß "gegen die Natur" im Ganzen und gegen die Natur des Menschen im Besonderen.

Dem liege die Überzeugung zugrunde, "dass im ganzen Bereich menschlichen Wirkens *das Erste* immer das ist, was der Mensch und die Dinge ´von Natur` sind... Die ´Natur` des Menschen kann geradezu als der Inbegriff dessen bezeichnet werden, was mit ihm, *über seinen Kopf hinweg*, von Schöpfungs wegen gemeint ist".[109]

Diese Sprechweise ist zu kurz geraten. Das Zitat, zumal am Ende, klingt, *als sei* die Person, das Individuum eine *inferiore* Größe vor den allgemeinen Normen der Natur (des Schöpfers).

In der Tat erscheint der Christliche Glaube vielen vorrangig als Sammlung von Gott gegebener, alle Menschen verpflichtender Normen, entnommen dem natürlichen Sittengesetz, sowie dem "Gesetz des Neuen Bundes". Als "Sünde" gilt "die freiwillige Übertretung eines göttlichen Gesetzes".[110]

Das Individuum, die Person wird generisch ("Mensch") gefasst im Blick auf Erfüllung oder Nicht-Erfüllung göttlicher Normen: nach dem Grad der Täter-Freiheit und -Verantwortlichkeit, dem Gewicht der Sünden etc. Die Wunsch-Vorstellung der Erzieher trimmt Christen zu Tugendhelden,

---

[108] So schon *F. Böckle*, Grundbegriffe der Moral (Aschaffenburg 1966), 17. 81

[109] *J. Pieper*, Über den Begriff der Sünde (München 1977), 49f (kursiv von K.F.)

[110] *Jone* (a.a.O.), Nr.96 / *Alphonso:*"Wir haben aus der ´Gewissenserforschung` eine Übung reiner *Moral* gemacht"(53)

Trägern der (übernatürlichen) Tugend "Glaube": Glaube als "Gehorsam" verstanden.

Dass ein Christ *als Person* Eigenwert hat, auch berufen, *sich selbst* auf Gott hin zu verwirklichen, dass sein Weg auch ein *individuelles* Schicksal, eine *persönliche* Geschichte hat, nicht verrechenbar nach Soll und Haben, kommt wenig in den Blick, obwohl das individuelle Gewissen Organ ist *auch* für den persönlichen Weg, die individuelle Berufung einer Christin, eines Christen.

Hier erwacht auch die Frage der Vorordnung: Kann eine Person erst dann eine individuell-persönliche Berufung von Gott empfangen, wenn und solange sie das Zehngebot samt den wichtigsten Kirchengeboten unerschütterlich einhält oder kann auch ein durchschnittlicher Christ und Sünder eine spezielle Berufung oder persönliche Sendung empfangen?

Haben Normen und Ansprüche der Allgemeinheit Vorrang vor dem Individuell-Persönlichen?

Ein solcher Vorrang lässt sich biblisch nicht bestätigen. Jesus beruft den betrügerischen Zöllner *Zachäus*, und diese Berufung *bewirkt*, dass *Zachäus* sich bekehrt, also von seinen betrügerischen Gepflogenheiten ablässt und einen neuen Anfang setzt (Lk 19,8 ff). Auffällig auch die Berufung des Christen verfolgenden, die Ermordung des *Stephanos* gutheißenden *Saulus* und dessen Wandlung "vom *Saulus* zum *Paulus*" im Anschluss an seine unverdiente Berufung vor *Damaskus* (Apg 9).

Nach biblischem Zeugnis behandelt und beruft Gott völlig frei auch ´unordentliche Subjekte`, auch solche, die den Tugendpfad nicht bis oben, ja nicht einmal anfänglich erklommen haben.

Gegen die Missachtung des individuellen Menschen auch im kirchlichen Betrieb hatte im frühen 19. Jahrhundert auch *Sören Kierkegaard* scharfen Protest erhoben: vor den Tierarten zeichne sich der Mensch dadurch aus, dass er "mehr ist als die Art", dass, obzwar für Verfehlung anfällig, es auch seine "Vollkommenheit ist, der Einzelne zu sein". Dies bedeute: Gegensatz zur Sünde ist nicht die Tugend, sondern der *Glaube* [111] - mag Glaube nach der Bibel auch gedrängt sein, sich zu verleiblichen in tugendhafter Praxis, wie der Apostel es seinen Gemeinden ans Herz legt.

Anthropologisch gesagt: Weil die *Person* nicht schon identisch ist mit "Mensch" als Artbegriff, kann der Schöpfer eine Verfehlung gegen das Mensch-sein, gegen die (Mensch-) Natur vergeben. Der Schöpfer will den Menschen nicht bloß als x-beliebiges Exemplar der Spezies Mensch, sondern als personal-einmaliges, mit Selbst-Wert begabtes menschliches Individuum.

Denn jeder Mensch ist, wie *Augustinus* wusste (*"fecisti me ad te"*), auch individuell, als Person von vornherein auf Gott hin geschaffen, findet *Ziel* und *Erfüllung* in der persönlichen *Gottes-Beziehung*.

Das natürliche Sittengesetz ist Bestandteil der dynamischen Letzt-Orientierung der einzelnen Menschen auf Gott hin, ist ein Aspekt davon. Gottes Schöpfer-Wille ist zwar begrifflich unterscheidbar von Gottes Heils-Willen, fällt aber realiter mit ihm zusammen. Wenn Gott - wie *Augustinus* sagt - "mich auf Dich hin geschaffen ha(s)t", ist das Heil des Menschen zugleich sein Innerstes, Intimstes und Persönlichstes, ist dessen unvergleichbar-einzigartige, gottgewollte Vollendung. [112]

---

[111] Die Krankheit zum Tode II A Kap.1; B B Anm.

[112] Zur Grundlegung s. *K. P. Fischer*, Der Mensch als Geheimnis - Die Anthropologie K. Rahners (Freiburg-Basel-Wien ²1975), 252-257; *F. Böckle*, Fundamentalmoral (München 1977), 238-244; *B. Häring*, a.a.O., 155f

Die Person als Gabe und Aufgabe

In diesem Rahmen schärft *Guardini* das Bewusstsein für die "Annahme seiner selbst". Dabei bezieht er die *Innen*perspektive ein.

Im Zentrum steht - als Gegenüber zum Bewusstsein - das fremde, unbekannte *Ich*, das Seele und Körper als Aspekte in sich begreift. Jedes Ich fragt nach sich selbst, da es sich selbst nicht - noch nicht - kennt und nicht besitzt. Das Ich ist für sich selbst das ´bekannte Unbekannte`.

Da aber das Ich seit je sich selbst nur ansatzweise kennt und hat, erfährt es sich als *sich gegeben,* zugleich *sich aufgegeben*: als *dieses* Ich in *dieser* Zeit unter *diesen* Bedingungen.

Doch wie will das Ich sich zu sich selbst als zu einem Unbekannten stellen, verhalten, verstehen?

Es könnte sich deuten als "Spottgeburt aus Dreck und Feuer". Das wäre Verzicht auf Gewinn.

Weiter führt eine Art Buchstabierübung. Gegeben bin *ich mir* durch ein Du (vorab das mütterliche Du), mächtiger als ich. Ich bin eine Gabe, die zugleich *Auf*gabe ist: mich mir Gegebenen, ungefragt Vorhandenen anzunehmen, wie ich bin: mit diesem Ausgangspunkt, mit diesen Möglichkeiten, in diesen Grenzen: Elementare Aufgabe jedes menschlichen Daseins. Sein Ich annehmen beinhaltet, sein eigenes, je individuell-einmaliges Mensch-sein annehmen und realisieren wollen. Denn *ich* habe ja diese einmalige Chancen vor mir: mich; *ich* habe *diese* Ausstattung, *diese* Gaben, Möglichkeiten, Stärken, Hilfen, ... Ziele, Träume.

Aber: dieses Ich annehmen, realisieren enthält nicht nur eine einmalige Aufgabe und Chance, sondern auch eine einmalige Schwierigkeit: die Versuchung, sich aufzulehnen; dieses Dasein, das *ich* vorab nicht gewollt, nicht bestellt hatte, als ´Nicht-Ich`zurückzuweisen, abzuwerfen, ja *ein anderer* sein oder gar *nicht sein zu wollen*.

Da ich mir mein Dasein nicht gewählt habe, fehlt mir zeitlebens ein Wissen, warum es mich gibt, wozu es mich gibt und geben soll. Mir wird zugemutet, mich ins Dunkel hinein zu akzeptieren samt unliebsamen Begleiterscheinungen: warum gerade diese Familie, diese Gegend, diese Zwänge, diese Behinderung, diese Begabung, diesen Talent-Mangel, warum dieser Unfall, diese Krankheit? Warum ich mit *diesen* Gaben (statt anderer), Mängeln, Grenzen?

Hinzu kommt: auf ganzen Bereichen dessen, was zu mir gehört, was zu "ich bin ich" gehört, liegt ein *Zwang*. Weite Teile meiner Physis stehen, ohne dass ich mitreden konnte, unter bindenden Gesetzen, gültig für den Stoff und stoffliche Systeme. Sie sind meiner Willkür entzogen: Ich *muss* essen, trinken, schlafen; mein Denken unterliegt einer zweiwertigen Logik; ich bin diversen, nicht-abschaltbaren Emotionen, Trieben ausgesetzt; ich *muss* für meine Gesundheit sorgen, *brauche* ein Dach über dem Kopf; *muss* mich gegen Kälte schützen, also bekleiden; ich *muss*, wenn erwachsen, meinen Lebensunterhalt selbst bestreiten (Erzeuger sterben vor mir). Von Beginn an stehe ich unter Zwängen, Pflichten, Aufgaben für die Annahme meiner selbst..

Total-Auflehnung zieht die ´Todesstrafe` nach sich. Akzeptanz wird belohnt: mit Leben, Zukunft.[113]

Die Annahme dieses Systems von Aufgaben, Pflichten und Zwängen ist *condicio sine qua non* meiner Existenz. Insgesamt ist ureigenes, einmaliges Dasein mir gegeben und *auf*gegeben; ich soll, ja muss je meinen Platz, meinen Weg, mein Ziel, meinen Sinn suchen und finden.

Hier hört meine Einordnung ins Allgemeine auf. Ich soll in bestimmter Weise eben *nicht werden und sein wie die anderen*, sondern *eigen* - im Letzten *einsam*.

---

[113] Die Annahme der Zwänge wird erleichtert durch Belohnungen: schmackhafte Speisen, Getränke, Erhöhung des Wohlfühl-Faktors usw. Anreize, die auf mit gegebenen, unwillkürlichen Antrieben und Befindlichkeiten beruhen

Dieses je mein Ich annehmen, durchtragen, mich dafür Gottes Willen unterstellen, darin erblickt *Guardini* die eigentliche *Frömmigkeit*.

"Die Dinge entstehen aus Gottes Befehl, die Person aus seinem Anruf. Dieser aber bedeutet, dass Gott sie zu seinem Du beruft - richtiger: dass er sich selbst dem Menschen zum Du beruft ... Die Welt ist von Gott zum Menschen hin gesprochen. Alle Dinge sind Worte Gottes zu jenem Geschöpf hin, das von Wesen bestimmt ist, im Du-Verhältnis zu Gott zu stehen. Der Mensch ist der zum Hörer des Welt-Wortes Bestellte. Er soll auch der Antwortende sein. Durch ihn sollen alle Dinge in der Form der Antwort zu Gott zurückkehren".[114]

Hier ist das individuell-persönliche Sein-sollen angesprochen. Es ahmt nach, ja übernimmt Gottes unaussprechliche *Achtung* vor jedem Einzel-Geschöpf. Gottes Achtung vor jedem einzelnen Menschen (wie vor jeder einzelnen Kreatur) will des Menschen *Selbst*achtung begründen, ebenso die Achtung der Mitmenschen vor ihm und vor jedem anderen Geschöpf.

In der Reihe der Geschöpfe ist, soweit wir sehen, das menschliche Ich, ist die Person das selbständigste. Ontologisch heißt das: es ist das dem Schöpfer nächste irdische Geschöpf, denn ER ist ihm - seinem Bewusstsein, seiner Seele - "innerlicher als dieses sich selbst" (nach *Augustinus*).

Die Gleichnisse von den drei Empfängern von Talenten/Minen veran-schaulichen, wie wichtig dem Herrn der Knechte eines jeden Akzeptanz des Anvertrauten, also die Annahme und Verwirklichung des jeweils mitge-gebenen, ganz individuellen Lebensgutes ist (Mt 25,14-30; Lk 19,11-27).

Offenbar ist daher ein Mensch, ontologisch wie ethisch, kein bloß x-ter ʹFallʹ eines Allgemeinen (ob Idee, Gesetz, Natur oder Art). Er ist von Gottes Schöpfer-Willen und -Liebe als *dieser* Mensch gerufenes, indivi-duelles Subjekt - Ich -, das sich "da" weiß durch Anruf und Anrede Gottes.

Der so begriffene Mensch fragt: Was soll *ich* tun? Wie kann und soll *ich* mein Leben gestalten?

---

[114] *R. Guardini*, Welt und Person (Würzburg ³1950), 113f

Das meint nicht bloß, die allgemeinen Gebote achten und erfüllen. Es meint *mehr*: Was soll ich tun, um das von Gott gemeinte *Individuum*, um *je meine Persönlichkeit* zu werden?

Hierin einen Aufruf zum Solipsismus und Egoismus zu sehen wäre abwegig.

Wenn im Geschäfts- und Berufsleben, nicht selten disziplinarisch die gegenteilige Devise "jede(r) ist ersetzbar" ausgerufen wird, sagen die Bibel, das Evangelium beharrlich: Vor Gott und für Gott ist jede(r) *einmalig* und *unersetzlich*!

Die Welt ist demnach nicht bloß ein Theater, wo jede(r) eine bestimmte "Rolle" hätte - das wäre zu eng geführt. Vielmehr offenbaren die *vielen Individuen* den *Reichtum* des Geschöpfes Mensch, sie spiegeln indirekt den unerschöpflichen Reichtum Gottes als Schöpfer.

Das alles ist beschreibend gesagt. Es geht bei Menschen nicht bloß um Gestalt, sondern um *Gestaltung*. Wie kann und soll ein Mensch seine *Existenz gestalten*, um seine einmalig-lebendige *Ganzheit* zu erreichen?

Konkret: ein Mensch muss nicht ständig nur fragen "Was darf ich tun?", als müsse er sich vor allem nach Erwartungen, Wünschen, Maßstäben anderer richten. Vielmehr *darf,* ja *soll* er sich fragen: "Was möchte ich tun? Wie meine Zeit, mein Leben gestalten? Was liegt mir am Herzen?" u.ä.

Er soll seine eigene, individuelle Existenz entfalten.

Auch wenn er (was besorgte Erzieher gern verhindern wollen) in den Augen anderer dabei etwas Inakzeptables tut, man ihn zur Rede und den Fall klar stellen muss, achtet Gott diesen Menschen unbedingt, *auch wenn* er fehlt, sofern er dabei *er selbst, sie selbst* sein will oder sein wollte.

So müssen Mitmenschen lernen, den Anderen, die Andere zu akzeptieren, auch wenn ihm oder ihr in Verhalten und Streben ein Fehler, gar eine Verfehlung unterläuft. Gravierend wäre es, wenn jemand *sich* verfehlen würde: *sich* in seiner gottgewollten *Individualität*.

Offenbar fordern die Zehn Gebote unbedingte Achtung, weil sie - in meist negativer Form - fundamentale Beziehungen zu Gott und Mitmenschen regeln.

Aber wenn ein Mensch alle Gebote erfüllt, hat er noch nicht sein individuelles Sinn-Ziel erreicht, ist noch nicht gereift zu der einmaligen Person, als die ihn Gott will, zu der er ihn beruft.

Im Evangelium zeigt das die erwähnte Episode mit dem jungen Mann, der Jesus aufsucht und nach ewigem Leben fragt. Jesus nennt ihm das Eine, das gerade *ihm* zu *seiner* Vollgestalt fehlt. Mit Ja hätte er *seine, gerade ihm* mögliche, gewährte Berufung bejaht (Mk 10,17-22 Par).

Aber Gott hat noch viele Möglichkeiten, einen Menschen zur Vollendung seiner selbst zu locken. Jesu Heilungstaten sind nicht bloß Zeichen seines Kampfes gegen Menschheitsübel wie Krankheit, Behinderung, Elend. Vielmehr ermöglicht die Heilung den Menschen (Blinden, Gelähmten, Aussätzigen) erst Beginn *oder* Vollendung ihrer *ureigenen* Lebensführung, ihrer *persönlichen* Existenz.[115]

Gehen wir nochmals einen Schritt zurück: ehe er daran denken kann, sein Leben individuell, selbstverantwortlich zu führen, muss ein Mensch sich klar werden über sich selbst. Dabei helfen psychologische Einsichten und solche der Existenzphilosophie.

Je mehr der junge Mensch an Jahren zunimmt, desto mehr wird er dessen inne, dass in ihm *mehr* ist, Tieferes, als ihm *bewusst* war und ist. Er entdeckt in sich nicht nur ein recht selbständiges Triebleben, sondern auch teils spontane, teils sich entwickelnde Regungen emotional-seelischer Art, die sich ungeplant und ungewollt einstellen und nur mühsam ordnen und beherrschen lassen: Regungen der Angst, Wut - Wünsche, Sehnsüchte, Enttäuschungen, Frustrationen, Gefühle des Sinnlosen.

---

[115] Auch jene, die von Jesu konkreten Heilungstaten nicht erreicht wurden, hatten, sobald sie ihre Behinderung annahmen, dennoch die Chance auf ihre individuelle menschliche Vollendung

So erlebt der junge Mensch in sich schon früh ein Bedürfnis nach Klarheit über das Wesen, das er ist und das noch verborgen in ihm schläft; Bedürfnis nach Verfügungsmacht und Steuerung der unbewussten und vorbewussten Antriebe, die er in sich wahrnimmt und zu werten sucht. Das Bedürfnis nach mehr Klarheit und Steuerungskraft über sich setzt voraus: seinem Wesen wohnt ein Person-Kern inne, das "Selbst".

"Das Selbst ist Freiheit" (*S. Kierkegaard*). Da sich im Selbst aber Bewusstes und Unbewusstes treffen, ist der Freiheit auch die Aufgabe der Integration beider Seiten zugemutet.

Für die Erlangung persönlicher Identität entwirft das Selbst entlang wichtiger Erfahrungen jeweils ein Selbst-Bild, das sich, zeitweise unter Schmerzen, als veränderlich entpuppt, weil in hohem Maß abhängig sowohl vom inneren Echo wie vom Echo der Mitmenschen, von Erfolgs-Erlebnissen, Erfahrungen des Misslingens (oft sublimiert oder verdrängt), von Akzeptanz oder negativen Rückmeldungen seitens der Bezugspersonen. Viel hängt davon ab, ob jemand sich dem Selbst-Bild "der anderen", des "man" beugt *oder* sich schließlich getraut, zu den ureigenen Bedürfnissen und Strebungen zu stehen, *my way* einzuschlagen und ihn zu verteidigen. Dieses wieder hängt davon ab, ob es gelingt, genügend Selbstwertgefühl - Ich-Stärke - auszubilden.

Diese Skizze der Subjekt-Ontogenese bedarf aber noch der systemischen Ergänzung durch die sogenannte "wissende Individuation", denn Individuation ist von Anfang an "bezogen". Soll das Selbstwerden des jungen Menschen gelingen - er ist ja nicht auf sich allein gestellt, sondern entwickelt sich in der Familie oder in deren Substitut -, kann sein reflektierendes Ich nicht nur eine "Individuation mit" (Eltern, Geschwistern, Freunden usw.) vollziehen, sondern benötigt auch die "Individuation *gegen*": es muss sich Nein sagend behaupten können gegen die Autorität, wofür es aber eine Meta-Perspektive, vermittelt durch Drittpersonen, braucht, die neue Kontexte eröffnen, das anerzogene Werte-System ergänzen oder relativieren, überhaupt die familiäre Konstellation bereichern und deren Entwicklung voranbringen. Dem engsten Familiensystem fernstehende Drittpersonen werden dann samt deren neuen Horizonten verinnerlicht. Die Individuation misslingt aber oder wird gestört, wenn die Familie/das Substitut die nötigen Schritte des Heraus-Wachsens blockiert, indem sie sich und ihre Weltanschauung - und wäre es die sogenannte "christliche" - absolut setzt.[116]

In dem berühmten Gleichnis vom Vater und den zwei Söhnen versinnbildlicht der Vater sozusagen zwei Familienmodelle, eines, das den älteren Sohn zu stark bindet und so seine Individuation blockiert; das andere, das - obschon unter Schmerzen - den Ausbruch des jüngeren Sohnes zulässt, ihm also seine Zeit ebenso wie neue Lebenskontexte benötigende Individuation ermöglicht. Dass der jüngere Sohn zum Vater - also zum elterlichen Werte-System - zurückfindet, besser: es neu findet, hat zur Voraussetzung, dass das elterliche Wertsystem sowohl fest wie flexibel war/ist, sich also in der Situation der Krise als bewährt anbieten kann.

Zu Individuation gehört freilich nicht nur Integration von Inhalten des persönlichen und kollektiven Unbewussten, der Familie und ihrer Kontexte, der eigenen "Erfahrungen", sondern auch Ernst-Nehmen der *Sinn*-Suche, gegebenenfalls Annahme von Hilfe zur Überwindung eines Sinn-Defizits.

Menschen suchen eine *sinn*volle Lebensgestaltung, sind zufrieden, wenn sie ihr persönliches Leben als sinnerfülltes Dasein führen. Das ist ein Schritt *mehr* als Selbstfindung und Selbstverwirklichung: Ziele, die - je nach Definition - nur Etappen auf dem Weg zum Sinn des Lebens umschreiben.

Wer Sinn sucht, sucht Erfüllung *über sich hinaus*. Sinn wird nicht erworben oder errungen, sondern gefunden und entdeckt: als Erfüllung des suchenden Unterwegs-Seins durch Raum und Zeit.

Wie ungezählte menschliche Krisen zeigen, kann kein Mensch leben, ohne einen Sinn zu haben oder zu sehen. *Sinn* füllt das sonst leere Dasein. Dabei

---

[116] Vgl. *H. Stierlin*, Der Begriff "Individuation" in systemischer Sicht, in: *ders.*, Individuation und Familie (Ffm 1989), bes. 40-49. Grundlegend *R.A. Spitz*, Vom Dialog (dt. TB Ffm 1982)

ist die Erfahrung, dass das Leben sinnvoll ist oder wird, nicht zu trennen von der Erfahrung personaler Identität, des Person gewordenen Selbst.

Viktor Frankl mühte sich als Arzt lebenslang, Menschen zu helfen, die den Sinn (griechisch *Lógos*) des Lebens entweder *verloren* oder *entdeckten*, und begründete die Sinn-Therapie (*Logo*therapie).

Er sieht das *Gewissen* als die Instanz, die Menschen befähigt, "intuitiv den einmaligen, einzigartigen Sinn, in jeder Situation verborgen, aufzuspüren. Das Gewissen ist ein Sinn-Organ".

Dabei macht *Frankl* eine doppelte Bezüglichkeit aus: den in einer bestimmten Situation angelegten Sinn, der sich auf eine bestimmte Person bezieht: Sinn *in* Situation *für* die Person.

Sogar in Erfahrungen als sinnlos oder sinnwidrig gefühlter Schicksale ist ungeahnter Sinn zu entdecken und zu gestalten.

Frankl unterscheidet zudem innerweltlichen Sinn von dem vom Glauben gestifteten "Über-Sinn".[117] Offenbar begegnen wir hier einer Humantherapie, welche die Einmaligkeit jedes Lebenswegs achtet.

---

[117] *V.E. Frankl*, Der Mensch auf der Suche nach Sinn - Zur Rehumanisierung der Psychotherapie (TB Freiburg-Basel-Wien [2] 1973), 119-126

Existential-Ethik und Spiritualität

Ein *weiterer* Aspekt: Zwar nehmen viele Menschen auf der Suche nach Warum und Wozu ihrer Existenz das vom Schöpfer empfangene, mit Christus vertiefte Lebensgeschenk an. Gleichzeitig wird ihnen ihre *Freiheit* bewusst, wenn sie mehrere Möglichkeiten und Wege vor sich sehen, die gleichwertig, gleich gewichtig oder auch gleich indifferent erscheinen. Sie suchen möglichst weitreichende Gewissheit darüber, was Gott, im Blick auf die ihnen verliehenen Gaben, von ihnen will, wohin er sie lockt, ruft, welche Richtung ihr innerster Kompass anzeigt.

Freilich sind es nicht wenige Christen, die einfach-klare Direktiven wollen (wenigstens fürs erste).

Natürlich erfahren auch viele, dass die Intensität gesuchten und gelebten personalen Glaubens die Kräfte ihrer seelisch-geistigen Konstitution ermüdet, mit der Folge, dass ihr *personal* gewordener Glaube zeitweise ermattet, sich ausruht in vor-personalen Haltungen und Gewohnheiten. Anstelle von Achtsamkeit und Interesse für person-zentrierte Verkündigung treten ersatzweise Rituale, Disziplin, Gewohnheit, Organisation (schlichte Teilnahme an der Sonntagsmesse, an Beicht-Andachten, Beruhigung im Gemeinde-Gesang, bei Festen und Feiern). [118]

Dennoch bleibt "die *Person* der christliche Adressat" (*J. Goldbrunner*). Statt auf vor-personalem Glaubensniveau zu verharren, soll der Mensch, individuell von Gott berufen, *seine* ureigene Berufung zum Christen suchen.

Die Suche ist allerdings selten einfach und gerade.

Eine bürokratische 'Spiritualität' vereinfacht, ja verfälscht rigoros. Subjektive Regungen und Antriebe werden diskriminiert: der willige Christ müsse alles "Selbstische" überwinden (Selbst-Hass), sich (z.B. als Weihe-Kandidat) wunsch-

---

[118] Vgl. *J. Goldbrunner*, Kleine Lebenslehre der Person (Regensburg 1980), 42-46. 57-65; schon früher in: Realisation - Anthropologie in Seelsorge und Erziehung (Freiburg-Basel-Wien 1966), 254-272; *K.G. Rey,* Darauf kommt es an - Über die Selbstverwirklichung der Christen (München 1976)

los "der Kirche" zur Verfügung stellen. Was Gott von ihm wolle, erfahre er vom Bescheid der zuständigen Instanz.[119]

Fußend auf Einsichten aus den ersten Jahrhunderten christlicher Theologie und Spiritualität entwarf, wie gezeigt, *Ignatius von Loyola* eine selbst erprobte Methode der *Wahl mit Suchen und Finden.*

Sie setzt Offenheit, Bereitschaft ("Indifferenz"), nämlich *Frei*werden von Vorlieben und vordergründigen Wünschen voraus, die Gottes Wille für gerade diese Person verdecken oder verzerren würden.

Allerdings übersehen manche spirituelle Begleiter, dass personal Glaubende und Gott-Sucher nicht selten auch ihre *Lebenserfahrungen als fortgesetzte Exerzitien* erleben und Gottes Ruf sich ihnen in Begegnungen, Rückmeldungen und sich klärenden Erkenntnissen stets deutlicher verdichten kann.

Dafür bieten die Geistlichen Übungen des *Ignatius* - "Modell eines Individuations-Weges" (*Albert Görres*[120]) - ein temporäres Training: Beispiel die "Betrachtung zur Erlangung der Liebe" (4. Woche). Sie enthält die Liebe des Schöpfers zur suchenden Person, gespiegelt in der individuellen Disposition der Suchenden und in ihrem Gebet "Nimm dir, Herr, meine ganze Freiheit ... verfüge [über mich] nach Deinem ganzen Willen, gib mir deine Liebe und Gnade, das ist mir genug".[121]

Ignatius macht die Erfahrung, dass Gott "den Willen so bewegt und an sich zieht, dass eine Ihm ergebene Seele, ohne zu zweifeln oder auch nur zweifeln zu können, dem folgt, was ihr [von Gott] gezeigt wird" (Ex. spir. nr. 175).

---

[119] Man kann einwenden, diese Praxis habe in der großen Mehrheit der Fälle ´funktioniert`. Doch hier wird gefragt, auf welchem Weg eine *Person* die nur auf sie wartende, von Gott gemeinte einmalige Berufung findet

[120] *A. Görres*, Ein existentielles Experiment - Die Psychologie der Exerzitien des Ignatius von Loyola, in: *ders.*, An den Grenzen der Psychoanalyse (München 1968), 115-151

[121] Die Exerzitien (dt. Einsiedeln 1964), nr. 244

Die für den Schöpfer offene "Seele" oder Person, in Liebe zu Gott hingezogen, empfängt dabei eine unvergleichliche Tröstung, wie sie kein innerweltliches Gut spenden kann (nr. 316), unterbrochen jedoch von Momenten des Untrostes, wenn Störungen im Hingabe-Willen auftreten oder Einreden von außen oder innen ihn schwächen (Ex. spir. 317-327).

Öffnung für Gottes Wille ist ja kein einmal und dauerhaft erworbener Akt, sondern ein mühsamer, zeitaufwendiger Prozess, der erfahrene geistliche Begleiter als Stützen benötigt, die helfen, die verschiedenen Antriebe zu unterscheiden.

Die Möglichkeit für eine Person, eine ihr von Gott gezeigte, individuelle Wahl zu treffen, ergibt sich aus dem *Fundament geistlicher Anthropologie.* Wir haben sie früher schon gestreift.

Origenes erkannte als einer der ersten Theologen einen dem Menschen geschenkten, besonderen "Sinn für Gott".

Im Hochmittelalter bezeugt *Bonaventura* - mit großen Mystikern und Mystikerinnen -, den Gläubigen sei schon in diesem Leben ein affektives Innewerden Gottes möglich.

Zu Beginn dre Neuzeit teilt der kritisch-fromme *Pascal* diese Einsicht: das Herz erspürt Gott, nicht der Verstand. [122]

Ignatius setzt diese namhafte Tradition voraus und nützt sie (Ex.spir. nr.330).

Das Fazit solcher Erkenntnisse enthält ein Satz wie: "Ich selbst in der Gesamtheit meiner Bestimmungen ... bin ein Ruf Gottes". Und: "Der tiefsten Bedeutung nach" ist Gottes Wille "in der Ausrichtung meines Lebens ... meine unwiederholbare *Einmaligkeit*, der ´Name`, bei dem Gott

---

[122] Nachweise bei *Fischer*, Gotteserfahrung (Mainz 1986), bes. 31-41. Ergänzend z.B. G. *Greshake*, Gottes Willen tun - Gehorsam und geistliche Unterscheidung (Freiburg-Basel-Wien 1984)

mich ruft - das heißt mein wahrstes und tiefstes Selbst, meine Persönliche Berufung".[123]

In diesem persönlichsten Sinn ist jede Person in der Tat "unaussprechlich" (*ineffabilis*) - nicht weil sie eine bloß numerisch vorhandene Raum-Zeit-Stelle einnähme, vielmehr wegen ihrer einzigartig gefüllten, allem Verallgemeinerbaren quasi unendlich entzogenen, auch der Empathie zuletzt fremden Besonderheit und Individualität.

Menschsein und Christsein kommen hier überein zu einer unwiederholbaren Gestalt.

Wenn *Paulus* die Gläubigen aufruft, "Christus anzuziehen" (Röm 13,14), werden Christ und Christin so ein einmalig-unverwechselbarer "alter Christus", wie es die jede Kopie abwehrende Individualität namhafter Christinnen und Christen offenbart. Das Unvergleichliche umgreift dann sogar individuelle Eigenheiten.

Zur Veranschaulichung denke man an so individuelle christliche Persönlichkeiten wie *Ignatius von Loyola, Philipp Neri, Hildegard von Bingen, Teresa von Avila* oder *Mutter Teresa* von Kalkutta.

Sie bezeugen: die persönliche und christliche Identität erbaut sich nicht erst auf dem Niveau der Aktivität, sondern früher auf dem Niveau des *Seins*, sodass jemand nicht nur christlich handelt, sondern Christ(in) *ist*.

Erfahrungsgemäß kommt freilich jede Tätigkeit irgendwann in eine Krise, ´es` funktioniert nicht mehr wie früher, die Welt ändert sich, Gottes Wille - als persönliche Berufung - will anderes und mehr. Entscheidend ist hier, dass das Engagement im persönlichen *Sein* ruht.

Das *Sein* ist dynamisch. Mit *Meister Eckhart* sagt *Erich Fromm*: "Wichtig sind die Fundamente, auf denen unser Tun steht. Unser Sein ist ... der Geist, der uns bewegt, der Charakter, der unser Verhalten bestimmt".

---

[123] *Greshake*, 57; *Alphonso*, Die Persönliche Berufung, 14

"Unser dynamischer Kern" sei realer als die Taten und Meinungen. *Sein* als Leben, Produktivität, Selbstmitteilung.[124]

Sören Kierkegaard kommt zu einer ähnlichen Einsicht. Gegen alle Aufhebung des Einzelnen und seiner Freiheit in der Dialektik eines "Systems" verändert er *Descartes`* Satz *cogito ergo sum* in ein *credo ergo sum*: "Glauben ist Sein", nämlich geschenktes Sein![125]

Geistliche Sinn-Findung, Berufs-Findung ruht fundamental auf Sein, erst dann auf Haben und Tun.

Im Rahmen der *existentiellen* Ethik - betont *Alphonso* - kann der Mensch nun nicht mehr beliebig wählen, da ihn der gefundene, bejahte *persönliche Sinn* vor Gott bindet. Ihm ist nun aufgetragen, aus den sich anbietenden Möglichkeiten diejenige zu realisieren, bei der er spürt, dass sie eher als andere mit der erkannt-gewählten persönlichen Richtung kompatibel ist und am meisten "tröstet".

Die ignatianische Devise, jenen Weg zu wählen, der "je mehr" zu Gott hinführt, bezieht sich also auf die zuvor erkannte, ganz persönliche Sinn-Spitze.

Wer nun anders wählen, die richtungweisende, gefällte Grundentscheidung desavouieren, unterlaufen wollte, würde als Mensch "mit zwei Seelen" (Jak 1,8) sich versündigen: nicht auf moralischem, vielmehr auf höchstem Niveau, dem der ganz intimen Begegnung seines Selbst mit Gott.

Gewissenserforschung richtet sich auf diesem Niveau nicht mehr nur auf allgemein ethische Normen, sondern ist quasi identisch mit der geistlichen Unterscheidung, die nur dieser Person möglich und geboten ist.[126]

---

[124] *E. Fromm*, Haben oder Sein (dt. TB München [6]1980), 68f; *Alphonso*, Berufung, 30

[125] Die Krankheit zum Tode II A Kap.2

[126] Dazu *Alphonso*, 41-48

Versuchen wir, die anthropologische Relevanz des Dargelegten in den komplexen Bereich unseres Daseins einzuordnen.

Guardini nennt die Welt der *Dinge* Worte Gottes an jede Person. Das schließt die Menschen-Welt ein. Ist die Person durch Gottes Anruf geschaffen und - in Selbstannahme - zur Antwort gestimmt, kann sie Gottes Anruf an eine ihr begegnende andere sein oder selber Antwort empfangen durch die Begegnung und in ihr.

In die persönliche Entscheidung vor Gott, welche die einmalig-individuelle Sinn-Richtung der eigenen Existenz aufleuchten lässt, gehen die Mitmenschen ja mit ein: sind bejaht, mit gewählt oder - im negativen Fall - auf Abstand gehalten.

Ein *vertrackter* Fall ist die eheliche Lebensgemeinschaft mit *diesem* bestimmten anderen Menschen. Sie will ja *mehr* als Zweck-Gemeinschaft, will dauerhaft sein. Erfahrung zeigt aber: es gelingt häufig nicht, die eingegangene Ehe-Gemeinschaft dauerhaft, bis ans - vielleicht ferne - Lebensende zu bewahren, mit der Folge, dass das einmal feierlich gegebene JA an der Härte der Lebensumstände zerbricht.

Oft gehen ungewollt Verlassene, aber auch aktiv sich Trennende nach Konflikten und Schmerzen eine neue Verbindung ein. Sind die Partner im Gewissen auf Gott gerichtet oder *neu* ausgerichtet, erfahren sie die neue Verbindung als *gut,* als *sein-dürfend* (u.U. gar als *sein-sollend*) und spüren tief innen, dass das gereifte Gewissen *jetzt* mit Schärfe wahre Treue fordert: früher so nicht verspürt - oder ignoriert, weil man beim ersten Mal keine *einmalige Chance* erkannt hatte.

"Nicht die Gesunden brauchen den Arzt"

Wie die Geschichte der Kirche, die der abendländischen Zivilisation generell erkennen lässt, krankt deren anthropologisches Denken an erheblicher Unterbewertung des Individuellen.

Systematiker neigen dazu, das Individuelle gering, störend, gefährlich einzuschätzen. Ideen, Ideale, Theorien geben gewöhnlich dem *Allgemeinen* oder *Ganzen* Übergewicht vor dem Individuellen.

Gegen die Minderbewertung des Individuums nahmen prophetisch einige Denker jüdisch-christlicher Herkunft Stellung, forderten *Achtsamkeit für das Individuum, seinen Eigenwert, für individuelles Schicksal,* persönliche *Irrungen und Wirrungen*, die erfahrungsgemäß jede Biographie aufweist.

Jene Denker erinnern daran, dass für Jesus in den Evangelien zwar die Heilsgemeinde Israel, oft aber auch ihre Menschen, einzelne Personen im Focus der Aufmerksamkeit stehen; dass er Gesetz und Gebote keineswegs als unwichtig, aber fallweise als nachrangig vor dem individuellem Schicksal wertet. Umgekehrt halten ihm und den Jüngern die *Gegner* wiederholt individuelle Verstöße *gegen Gesetz* oder *Regel* (z.B. Nicht-Fasten) vor, eine gehäufte Kritik, deren Gewicht (verbunden mit Angst vor Rom) ihn am Ende das Leben kostet (vgl. Joh 19,7).

Exemplarisch für Jesus, seine Einstellung ist der Ruf "Der Sabbat ist für den Menschen da, nicht der Mensch für den Sabbat" (Mk 2,27).

Die Evangelien zeigen nicht selten, wie schwer sich Menschen tun, Normen, Gesetzen, Maßstäben zu genügen, wie stark aber die Tendenz der "Guten", der Frommen ist, Gesetze, Normen als Waffen zu verwenden, um Schwächere, Abweichler, "Versager" zu verfolgen, auszugrenzen, ihr Lebensrecht zu beschneiden. Da Gedrückte und Geplagte Erbarmen brauchen, wendet Jesus seine Sorge vorrangig ihnen zu: "Nicht die Gesunden brauchen den Arzt, sondern die Kranken" (Mk 2,17 Par).

Was in den Evangelien Menschen, die es schwer haben, ihrer Situation, auch dem Eigenwert ihres Daseins offenbar wenig gerecht wird, ist eine Norm-Erfüllungs-Garantie, die man ihnen abfordert.

Oft wäre es angebracht zu hören, wie die Dinge für die Leute gelaufen sind, wie ihr Leben unter erwarteten und unerwarteten Belastungen sich entwickelte und, bei Versagen, mit ihnen zu schauen, was jetzt möglich ist, wie es weiter gehen kann, was ihnen weiterhilft. Viele Menschen haben ein feines Gespür, welche theologisch-pastorale Haltung ihrer Situation, die sie gut kennen (aber nicht gut verstehen), gerecht wird, welche Urteile über "Normalität" sich wie Fremd-Etikette anfühlen.

Nichts ersehnt jeder Mensch so sehr, zumal in schwieriger Lage, als verstanden und angenommen zu werden. Grundsätzlich gibt, das Zeugnis Jesu vor Augen, das Kirchenrecht seit je die Rettung der Menschen (*salus animarum*) als höchsten Maßstab (*suprema lex*) an (CIC Nr. 1752).[127]

Wenn man sich einmal fragt, weshalb der Vater in Jesu Gleichnis den ausgebrochenen, seine Freiheit suchenden und experimentierenden, auf die ´schiefe Bahn` geratenen, am Ende ausgelaugten, aber reuigen Sohn so überaus freudig aufnimmt und mit einem Fest willkommen heißt, der gehorsam-eifersüchtige ältere aber, der Situation nicht gewachsen, blass bleibt, darf man die Reaktion des Vaters auch als freudigen Stolz sehen über seinen Jüngsten, der sich als ´ganzer Kerl` bewies, sein Leben wagte und sich simultan fähig zeigte, Fehler, Schuld, Konsequenzen vor sich selbst wie vor dem Vater unverblümt einzugestehen. Er spürt, er hätte Strafe, Degradierung verdient - doch zuteil wird ihm ein Fest.

Kirchensprache formuliert gern abkürzend: "Jesus verkündete den Willen Gottes". Gewohnheitsmäßig verlegen Lehrer und Prediger Gottes Willen *nur* ins *allgemeine* Menschsein und Christsein *überhaupt*.

---

[127] Die Enzyklika "Familiaris Consortio" *Joh. Pauls II.* deutet in den Abschnitten über den kirchlichen Umgang mit Katholiken in "irregulärer" Situation (Nr.82.84) das Instrument *forum internum* nicht einmal an

Wo nötig, erklärt Jesus die Gebote und Gottes Erwartung an Israel unmissverständlich. Aber er respektiert und akzeptiert *Menschen*, die eine andere, abweichende Entscheidung trafen, damit in die Bredouille gerieten, Hilfe suchen und ihr Leben - vom Punkt der Begegnung aus - neu anfangen wollen. Ihr Gewissen ist noch wach. Man denke an *Zachäus*, an die *Ehebrecherin*, die Frau am *Jakobs*-Brunnen, den erwähnten jüngeren *Sohn*, die mehrdeutige Gestalt des *Blindgeborenen*, die ihr Leben neu beginnen, aber *nicht vom Nullpunkt* aus!

"Das Wort Gottes spricht den Menschen an in seiner persönlichen Existenz ... und beruft ihn zur Freiheit".[128] Zugleich ruft es seine Freiheit auch zu liebendem Dienst an den Nächsten,[129] geleitet durch das Zehngebot.

Wie die komplexe Welt nun einmal ist, kommen Menschen, auch Christen immer wieder in Spannungen, Konflikte, geraten in Sackgassen oder auf Wege, die nicht zielführend sind. Oft gleichen sie Kindern im Verkehrsgewühl, die, statt den Zebra-Streifen, einen direkteren Weg zur anderen Straßenseite suchen und unter Angst und Schrecken, vielleicht mit Prellungen und Tadel (wenn es noch gut geht) den Gehsteig erreichen. Steht da ein Schutzmann, ein Vater oder eine Mutter, wird er, wird sie sich ihrer freundlich annehmen, aber auf die Lebensgefahr hinweisen, der sie sich unüberlegt ausgesetzt hatten. Doch wird Weisheit verstehen, dass nun einmal mehrere Möglichkeiten da sind, die Straße zu queren.

Zusammenfassend: Gott *beruft* auch die Schwachen, Gescheiterten zu einer neuen Selbstwerdung, zu einer neuen Gestalt, Form, Reife und Ausreifung ihrer *einmaligen* Existenz.

---

[128] *R. Bultmann*, Jesus und die Mythologie (Hamburg 1965), 43f

[129] *R. Bultmann*, Jesus (Liz.-Ausg. München-Hamburg 1964), 78; s.a. *Häring* (a.a.O.), 83

"Abgestiegen zu den Toten"

Die persönliche Berufung empfängt im christlichen Verständnis eine wichtige Zuspitzung.

Gut darstellbar ist sie in Anlehnung an eine bekannte Perikope der synoptischen Evangelien. Auf seinem Weg mit Jesus meint *Petrus*, er habe die letzte ´Stufe`, die "seligmachende Schau" erreicht: bei Jesus sein und bei sich selber. Doch *Petrus* muss seinen Weg mit Jesus noch *erden* lassen. Dies veranschaulicht das geheimnisvoll klingende Evangelium von der *Verklärung Jesu* (Mk 9,2-10 Par). Die meisten kennen es. Was will aber diese Erzählung? Sehen wir näher zu.

Zunächst der *hohe Berg*. Wohl kaum der Rundberg Tabor in Galiläa, der bei Heilig-Land-Reisen angefahren und gezeigt wird. Denn zur Zeit Jesu war er militärisches Sperrgebiet der Römer. Vielmehr ist wohl, in Anspielung, der *Zion* gemeint, Jerusalems Tempelberg, Zentrum des Glaubens Israels. Darauf weist auch die Erscheinung von Mose und Elija, Repräsentanten der Tora und der Messias-Erwartung, wie die Propheten sie darstellen.

Dort, im Tempelareal, ergriff Jesus im Beisein seiner Jünger oft lehrend das Wort (Mt 26,55 Par).

Doch hier, im Evangelium, erscheint der *hohe Berg* (Zion) als Teil einer Vision: der heilige Berg, der Berg der Heilszeit nach der prophetischen Erwartung.

Zugleich ist er der Berg österlicher Schau. Der Erzähler – und Seher – schaut Jesus, *vom Tod auf-erweckt, mit himmlischer Herrlichkeit bekleidet* (das sagen die „strahlend weißen" Kleider).

Zu ihm treten Mose und Elija, Autoritäten des Glaubens Israels. Es heißt, sie sprachen mit Jesus; was und worüber, wird nicht gesagt. Sie reden mit Jesus wie mit einem Ebenbürtigen, gar wie mit dem, auf den ihr eigener Glaube und ihre Erwartung ziel(t)en.

Das unterscheidet sie vom damaligen Hohen Rat und zeitgenössischen Gegnern Jesu.

Die Vision spiegelt den Glauben der frühen Christen: Jesus der *neue Mose* (Mittler) und *Messias*.

Petrus ist begeistert wie ein ʹTeenagerʹ. Manche Leute meinen, er wolle sagen: Hier ist es schön, hier kann manʹs aushalten. Viel eher drückt er sein Gefühl aus, *angekommen* zu sein am Ziel aller Mühe, Suche, Kämpfe. Der Vorschlag, drei „Hütten" zu bauen – für Mose, Elija, Jesus –, bezeugt die orientalische Sitte: Gäste ehrt man, indem man ihnen ein eigenes Zelt errichtet oder zur Verfügung stellt und sie zum Mitfeiern lädt. Die Hütten spielen auch an auf das Erntefest, *Laubhüttenfest*. Petrus will die Ankunft des Heils, die Vollendung der Schöpfung feiern.

Der Evangelist kritisiert: Petrus nehme nicht wahr, dass es sich um eine *Vision* handelt, einen ersten *Blick* in die Herrlichkeit des vollendeten Heils, *nicht* in den *End*-Zustand.

Die *Wolke*, ein altes Sinnbild für Gott, ursprünglich ein Symbol der Wetter-Gottheit Kanaans (*Baal* - gemeint ist eine Sturmwolke, Blitz und Donner), bedeutet, übertragen auf Israels Gott: *Er*, nicht Baal, ist der Regen-Bringer, der Geber und Spender von Leben in Fülle. Ihr Blitz spiegelt sich in den überirdisch hellen Kleidern. Die Donnerstimme (in der Vision) weist hin auf Jesus, den von Gott Erwählten: *auf ihn hört!* Auf ihn allein!

Darum gehen jetzt Mose und Elija aus dem Bild, bleibt Jesus allein übrig; in ihn münden die Heilslinien von Mose und Elija (so der Glaube der frühen Kirche).

Doch der Ruf *hört auf ihn!* zeigt: Noch ist nicht aller Tage Abend! „Hörer" müssen die Jünger erst werden. „Hört auf ihn!" ist lebenslanger Auftrag an Jünger, an Christen.

Deshalb müssen nun die Jünger vom Berg der Schau wieder absteigen. Absteigen ins Tal, zur Erde – sich *erden* lassen.

Der junge, begeisterungsfähige Mensch ist ja offen für Visionen, lässt sich gern und leicht in eine „schöne neue Welt" versetzen. Er ist bereit zur *Hin*gabe. In seiner Faszination durch das Geschaute würde er, hätte er die Chance, diese trübe Welt überspringen, in einem Todes-Sprung gar, wenn es sein müsste. Doch *erwachsen* zu werden mutet ihm zu, *ein-zu-wachsen*, Wurzel zu fassen in dieser Welt, dieser unvollkommenen, von Gegensätzen und Gegenmächten durchmischten Welt. In allem Eingehen in und auf diese Welt soll er aber die Vision nicht verlieren, nicht im schlechten Sinne ´realistisch` werden (d.h. resignieren), sondern heruntersteigend, im Tal weiter gehend soll er (von unten!) das Unsichtbare schauen, das Unhörbare hören – im Tal zum Himmel schauend soll er die Zeit, die Welt *an seinem Weg* gestalten: als Visionär Christi.

Gewalttäter (Zeloten, Guerilleros, Terroristen) mühen sich aggressiv und verzweifelt, Vision und Realität zusammen zu zwingen: die alte Welt soll zerschlagen, beseitigt, die neue Welt: die Welt der Vision unverzüglich, rücksichtslos, erbarmungslos gegen Feinde, Rückständige errichtet werden.

Dass andere Menschen auch Visionen haben, andere Visionen, persönliche Visionen spielt für radikale Visionäre keine Rolle.

Das ist *nicht Jesu Weg*. Darum sollen die Jünger ihre Vision *vor* Jesu Auferstehung vom Tod niemandem mitteilen. Denn die große Wende, die neue Schöpfung, das unvergängliche Heil setzt den Tod voraus und schließt ihn ein: den Tod Jesu, den Tod derer, die lernend seinen Weg mitgehen.

An solchen fehlt es auch in der neuesten Geschichte des christlichen Glaubens nicht.

Ein unvergleichlicher Einzelner im Zeugnis für Jesus ist der vormals ungläubige Militär *Charles de Foucauld,* der sich in der Sahara "auf den letzten Platz" als Eremit und "Bruder aller Menschen" bis zum Tod entäußerte und hingab.

Ein anderer moderner Solitär und Jesus-Jünger ist der geniale, lebenslang verdächtigte Paläontologe und Priester *Teilhard de Chardin,* mystischrealistischer Visionär, der die kosmische Evolution in Christus, Alpha und Omega, münden sieht.

Außergewöhnlich der Lebensweg von *Ruth Pfau*, die planwidrig in Karachi haltmachen musste und, vom Anblick eines jungen Lepra-Kranken schockiert, hier ihre einzigartige, lebenslange Berufung zur führenden Lepra-Ärztin Pakistans empfing - eine stille, spirituelle Schwester *Raoul Follereau`s*, des Konvertiten und umtriebigen Kämpfers gegen Lepra.

Verblüffend unvergleichlich das spontane, sekundenschnell entschlossene Sterben des Franziskaners *Maximilian Kolbe*, der im KZ Auschwitz für einen polnischen Familienvater in den Todes-bunker ging und damit dessen Überleben rettete.

Rational unerklärlich die Lebensleistung des amerikanischen Baptisten-pfarrers *Martin Luther King*: sein unter Lebensgefahr angenommener Weg als Anführer der gewaltfreien schwarzen Bürgerrechtsbewegung, bis ihn die Kugel eines weißen Rassisten aus dem Leben riss.

Unvergleichlich nicht zuletzt das Zeugnis der früheren Atheistin, Philosophin, Frauenrechtlerin, zur Christin gewandelten Jüdin und späteren Karmelitin *Edith Stein*: aus ihrem Kloster gezerrt, wurde sie zur Trösterin der Mitgefangenen, bis auch sie nach Auschwitz deportiert und dort vergast wurde.

Zu einer einmaligen Zeugin wurde auch die in Holland atheistisch aufgewachsene Jüdin *Etty Hillesum*. Unter zunehmenden Nachstellungen der Holland überfallenden, Juden verfolgenden NS-Truppen, angeregt gleichzeitig von einem klugen Psychotherapeuten entdeckt sie, wie ihr Tagebuch bezeugt, den *durch ihr Herz sprechenden Gott*, der sie quasi zu seiner Stellvertreterin unter den Verfolgten und Verzweifelnden beruft. Fluchtgedanken verwirft sie in der Gewissheit dieser Berufung. Sie will das "denkende Herz" unter den zusammen mit ihr Verfolgten sein. Unter den Schrecken der Nachstellungen erreicht sie oder entdeckt sie Gottes ganz persönliche An-Sprache und Berufung, sie selbst zu werden als seine Stellvertreterin unter den Leidensgenossen.

Angelus Silesius hat diese Art von göttlichem Geheimnis erspürt und an die Nachgeborenen weitergegeben:

Wird Christus tausendmal in Bethlehem geboren

und nicht in dir, du bliebest ewiglich verloren

im Dschungel der Überfälle, Schreie, Klagen, des verröchelnden Lebens.

Ach könnte nur dein Herz zu einer Krippe werden,

Gott würde noch einmal ein Kind auf dieser Erden.

In seltenen Augenblicken im Leben werden wir, wie die Jünger, auf den Berg geführt, dürfen wir schauen, was Gott mit unserem Leben vorhat, wohin er uns ruft, wie „gut" er es mit uns meint. Doch das im Glauben Geschaute, Verheißene soll und muss den Kreuz-Weg mitgehen: den Weg ins Irdische, Mühsame, Ermüdende, ins Menschliche, Allzumenschliche, bis ins Sterben. Auf dem Weg kann – für das Gefühl, für den Verstand – auch der Glaube sterben, mitsterben. Scheinbar tot, wird er doch am Leben gehalten vom Lebensgeist Jesu.

Unten am Weg treffen Jesus und die Jünger auf den Vater eines schwerkranken Kindes. Wenn die Jünger am Ende ihres Weges, wie dieser Vater, auch nur sagen können *Ich glaube, hilf meinem Unglauben!*, werden sie mit Jesus erneut auf den Berg geführt – für immer.

DAS GESCHENKTE LEBEN *(Meditation)*

In einem Vortrag über den Tod und den Umgang der Leute mit diesem unentrinnbaren Ereignis verwies ein Referent auf die häufige Beobachtung (auch bei sich selbst), dass und wie wir Menschen dazu neigen, den Tod, den Gedanken an Tod zu verdrängen, möglichst nicht an ihn zu denken, ja so zu leben, als gäbe es ihn nicht ...

Junge Menschen flüchten förmlich vor der Begegnung mit dem Tod, mit Sterbenden, mit Verstorbenen. Manche meiden bereits den Kontakt mit sichtlich alten Menschen, deren oft starr-lebloser Gesichtsausdruck sie unwillkürlich an Tote, an Leichenstarre erinnert. Diese Flucht kann gar die Form einer Aggression annehmen.

Dennoch kann kaum jemand vermeiden, dass er oder sie eines Tages unverhofft mit einem bleichen Verstorbenen, einem verblichenen Menschen zusammentrifft.

Eine Begegnung, die von da an unvergesslich in uns bohrt und rumort. Weil sie in uns festsitzt, lädt sie uns ein, ihr nach und nach ins blasse Gesicht zu schauen, um zu erkunden, was sie uns - über Angst und Besorgnis hinaus - zu sagen hat.

Obwohl uns in jungen Jahren der Gedanke an den Tod so belastet, dass wir bemüht sind, ihn aus Bewusstsein und Erleben auszuklammern, arbeiten wir unausgesetzt, oft unterhalb der Bewusstseinsschwelle am Überleben unseres eigenen Todes.

Im Laufe des Lebens - wenn wir hier eine Reihe von Beobachtungen zusammenführen und reflektieren - mag uns diese oder jene Einsicht ein wenig erhellen und voranbringen.

Ohne ausdrücklich an den Tod zu denken, arbeiten wir lebenslang an seiner Bewältigung, indem wir anfangen, etwas zu "leisten". Wenn wir etwas leisten oder vollbringen, das von den anderen gesehen und anerkannt wird, haben wir uns in Szene gesetzt und genießen die Beachtung, die uns jene anderen schenken.

Gleichzeitig haben wir angefangen, etwas *Bleibendes* von uns zu hinterlassen: ein Produkt (eine Bastelei, ein Werkstück, eine Melodie, ein Buch, die Mitteilung einer selbsterlebten Episode), die im Gemüt der anderen (unserer Umgebung) haften bleibt, uns unvergesslich macht. Die anderen werden es anderswo berichten und, je origineller es ist, mit meinem, deinem Namen verbinden.

Geradezu wunderbar *über*lebt ein Mensch seinen physischen Rand, wenn die Mitwelt sich entschließt, eine Aufgabe, ein Team in "seinem/ihrem Geist" zu vollbringen oder (weiter-) zu führen. Wo dies gelingt, wirkt der "Geist"/die "Seele" eines Menschen jenseits seiner physischen Grenze.

Jeder von uns trägt offenbar ein dringendes Bedürfnis in sich, gleichsam sich selbst zu überleben, sich bei anderen ´unsterblich` zu machen durch seine "Kinder", Kinder welcher Art auch immer (eine Einsicht, die schon *Platon* in seinem ´Polylog` *Das Gastmahl* darlegt).

Auch Jesus ruft uns auf: "macht euch Freunde mit dem ungerechten Mammon!" (Lk 16,9). Denn die Freunde werden, eure Großherzigkeit bezeugend, an euch denken, euch ´am Leben halten` oder neu zum Leben erwecken, wenn sie eure Frucht (an)erkennen und so vor dem Vergehen bewahren.

Vielleicht das *Seltsamste* (und Nachdenkenswerteste) an uns Menschen ist, *dass wir erst leben, wenn wir ins Bewusstsein von Mitmenschen treten.*

Normalerweise gelangen wir - als Neugeborene - zuerst ins Bewusstsein der Mutter, die uns auf uns selber zurückspiegelt.[*] Entsprechendes gilt sukzessive vom Vater, von Geschwistern, Kameraden usw. Sie erwecken

---

[*]Der Entwicklungspsychologe *René A. Spitz* beschrieb die sukzessiven Schritte: Unterscheiden des Belebten vom Unbelebten, von Gesicht und Maske, Frust und Befriedigung, Angst und Zuneigung, Abwehr und Erkennen: ein zunächst nonverbaler Dialog - in: *Spitz, Vom Dialog* (dt. Frankfurt/M.-Berlin-Wien 1982)

uns zum Leben, indem sie uns in ihr Bewusstsein aufnehmen - es bezeugend, indem sie uns anblicken, ansprechen, uns teilhaben lassen, uns animieren dazu, uns zu zeigen, uns loben (oder tadeln), wenn uns etwas (nicht) gerät. Gleichzeitig spiegeln sie uns das Bild zurück, das sie von uns empfangen: *ein Bild von uns, das wir nicht kannten, bevor sie uns wahrnahmen.* So existieren wir sukzessive als Bilder von anderen, die wir von ihnen empfangen, und werden uns so allmählich immer mehr unserer selbst bewusst: *wir existieren im Bewusstsein der anderen.*

Unser Ich-Kern wächst also nicht von selbst, schon gar nicht (wie die Krokusse im Frühling) "über Nacht". Wir wachsen auf im Zuge der Fremd-Wahrnehmung. *Wir bilden uns selbst an jedem Bild, das andere von uns gewinnen und uns wieder zukommen lassen.*

Der bekannte Satz "ich denke, also bin ich" des *René Descartes* ist demnach nur zur Hälfte wahr: ich bin ich durch meine Mitmenschen, die (an) mich denken, und kann erst selber *etwas* und *mich* denken, wenn und weil *sie* an mich denken, weil sie schon zuvor meiner gedachten und weiterhin an mich denken wollen.

Was tun wir dazu?

Wir zeigen oder führen Produkte, Pläne, Vorhaben und Möglichkeiten unseres Lebens vor. Indem wir diese mit anderen teilen, haben wir teil an ihrem Bewusstsein (*von uns*), an ihrer Ant-Wort: wir sind von ihnen ´realisiert` (erkannt, anerkannt, bejaht, geliebt). Nicht zufällig sagt der Volksmund, jemand sei erst dann wirklich tot, wenn niemand mehr an ihn/an sie denkt. Anders gesagt: wir leben, wenn und solange Menschen an uns denken (uns schreiben, uns anrufen, das Gespräch suchen, uns besuchen, für uns beten u.a.m.). Mehr noch: Sind wir gedrückt, sinkt uns der Mut, fehlt uns die Tatkraft, kann schlichte Freundlichkeit, gratis verschenktes Wohlwollen anderer uns aufwecken, uns neu zum Leben erwecken, uns von einem Moment zum anderen zum "neuen Menschen" machen.

Wir haben ja auch, wenn es gut oder normal ging, dafür gesorgt, dass ´man` an uns denkt, dass die anderen uns am Leben halten, indem sie an uns denken, sich erinnern, wohlwollend von uns reden - oder trauern, dass wir entschwunden sind ...

Das gilt sogar negativ: manche Menschen tun abgrundtief Böses mit dem ihnen bewusst/unbewussten Ziel, dass ihr Name, ihre Geschichte, ihre Taten *nicht vergessen werden können*. Sie sorgen dafür, dass man an sie denkt, dass ihr Name, ihr Gesicht, ihre Taten/Verbrechen erhalten bleiben. Sie haben sich ´Unsterblichkeit` quasi gestohlen (zum Widerwillen von Mitmenschen und Nachwelt), weil sie nicht "im Land des Schweigens wohnen" wollten (was von Beginn an kein Mensch will).

Doch ist ihr Andenken nur ein Zerrbild, eine Karikatur eines Lebens "in Fülle".

Das sukzessive Erwachen unserer selbst vom winzigen, schwach lebendigen Bündel Mensch zu "ich" und "wir" und "Persönlichkeit" könnte uns spiegeln, was mit uns geschieht, geschehen kann / soll, wenn wir diese vierdimensionale ´Raumstation` Erde verlassen.

Es scheint eine *ursprüngliche Wahrnehmung* zu sein, dass wir nur leben, wenn und soweit wir aufgenommen, aufgehoben sind in einem anderen Bewusstsein, das uns zum Leben erweckt, indem es uns *uns selber* spiegelt. Totalem Vergessen anheimzufallen wäre gleichbedeutend mit einem Ausrinnen ins Wesenlose, ins Nicht-gewesen-sein, ins Nichts.

So meldet sich die Ahnung, dass wir im tiefsten Grund leben und *über*leben wollen unter dem gütigen Auge Eines, "der alles sieht" und will, dass alles "gut" sei oder werde (Ps 91 mit Gen 1).

Die Bibel gibt uns manche Hinweise.

Das Gleichnis von der Abrechnung des Herrn (*Kyrios*) mit seinen drei Knechten macht sichtbar, dass jene zwei Knechte, die fünf bzw. zwei "Talente" hinzugewannen, d.h. erarbeiteten, sich (säkular ausgedrückt)

´unsterblich` gemacht haben "in der Freude deines Herrn (Kyrios)",
während der ängstlich-unnütze Knecht, sich versteckend, sich abkapselnd,
nichts aus sich und seiner Gabe gemacht hat, daher jener finsteren Leere
anheimfällt, in die sein Leben entartete (Mt 25,14-30).

Direkter noch das nachfolgende Gleichnis vom Weltgericht (Mt 25,31-46).
Der Richter zählt die Werke der Barmherzigkeit an Hungernden,
Heimatlosen, Kranken u.a. auf: sie mach(t)en jene, die sie vollbrachten, in
Geist und Mund der Empfänger und Nutznießer unsterblich. Nicht nur dies:
der Richter erklärt, die Angesprochenen hätten ihre guten Taten den
Bedürftigen und gleichzeitig *ihm selbst* zugewendet und sich damit voll-
ends ´unsterblich` gemacht. In und hinter den Empfängern der Wohltaten
und deren dankbarem Gedenken ist der richtende Kyrios *jener Empfänger,*
der an die Wohltäter denkend sie nie vergisst, sodass Täter und Taten in
Seinem Bewusstsein lebendig, unsterblich sind. Er schaut die Barmherzigen wohlwollend an, lächelt ihnen liebevoll zu, weckt sie wie eine
Mutter, ein Vater aus der Versunkenheit, aus dem Schlaf ins Leben. Es
erwachte in ihm oder er wurde erweckt - *er* selbst - *er* wurde in diesem
Bild erweckt. In diesem Rahmen wird das Wort verständlicher, das der eine
mit Jesus Gekreuzigte zu ihm sagt: "denk` an mich (bzw: erinnere dich* an
mich), wenn du in dein Königtum kommst" (Lk 23,42).

In einer der Todesbaracken von *Auschwitz* (Block 11, wo auch *Pater Kolbe*
starb) ritzte ein auf seine Erschießung wartender Kandidat ungelenk, doch
erkennbar sein Zeugnis in die Wand: Der Gute Hirt, kenntlich am
übergroßen Herzen, trägt das verlorene Schaf nach Hause: es hat den
Umriss einer Leiche.

Unter all den Mördern und Menschenschändern schaut der Einsame Jesus -
mehr noch: er weiß und sieht sich gefunden, erkannt und gerettet von Jesus.

Aber um dieses sein Bild wusste der Verurteilte vor seiner Bunkerhaft noch
nicht.

---

*Der griech. Ausdruck μνήσθητι μου ist aoristischer Imperativ, auf den Moment bezogen:
denk` an mich jetzt, sobald du (gleich) in dein Königtum kommst!

Ein Zeugnis aus gewachsenem Bewusstsein: mein Wesen wird ´realisiert` in Wissen und Gedenken der Lebenden, zuletzt in Wissen und Gedenken von Einem, dessen Auge, dessen Teilnahme und Sorge mich noch in schwärzester Nacht erfasst, mich schaut und bewahrt: ich bin aufgehoben *in seinen Augen wie in seinen Armen.*

Unser Leben ist nicht bloß ´Vitalität` (das Wort ist eine Abstraktion!). Es ist Frucht von *Wohlwollen,* von *Huld, uns geschenkt* in so oft und neu erwiesener Zuwendung, Zuneigung, Treue, die uns je neu aus Dunkel ins Licht hebt. Wir leben davon, dass "*El Chaj*" (der *Leben-Gott*) uns wahrnimmt, mit seinen Augen aufnimmt, lebendig macht, uns dasein lässt. Anders - unbemerkt, ignoriert - wären und sind wir nicht.

Diese Erfahrung spiegelt auch ein Beter im Alten Testament, wenn er selig bekennt:

Du weißt um mich, ob ich sitze oder stehe, ob ich gehe oder ruhe, mit all meinen Wegen bist du vertraut! Im Rücken und von vorne hältst du mich umschlossen ...[**] - wie ein Vater, eine Mutter die Arme um ihr Kind, um den geliebten Menschen legt.

Die häufige Erfahrung, dass wir Menschen, wo angesprochen oder ins Gespräch gezogen, *leben,* ja *auf*leben, *uns lebendig wissen und spüren,* inspiriert auch *Martin Luther* in seiner Genesis-Vorlesung: "Wo also und mit wem Gott redet, es sei im Zorn oder in Gnaden, der ist gewiss unsterblich. Die Person Gottes, die da redet, und das Wort zeigen an, dass wir solche Kreaturen sind, mit denen Gott bis in Ewigkeit und unsterblicherweise reden will".

Wir schauen Gott - vielmehr schaut Gott uns: in Jesus, in seinem Wort, in so vielen lachenden, lächelnden, besänftigenden, ermutigenden Geschöpfen und Erfahrungen.

---

[*]Vgl. Psalm 139 (Übersetzung *Alfons Deissler*).- Menschliche Schwäche kann diese Erfahrung entstellen, wenn sie Gott *zu menschlich* denkt, wie *J.P. Sartre* es beschrieb, der sich von Gott abwandte im Gefühl, vor Gott "grauenhaft sichtbar, eine lebende Zielscheibe" zu sein: *Die Wörter* (Reinbek 1965),78

Und Gott schaut auf uns in vielen fragenden, hoffenden, unsicheren, Trost suchenden, bettelnden Augen, die fragen: Bist du es, der da kommen soll? Wirst du, willst du - Gott werden für mich, für uns? Bist du - unser Leben?

Zum Autor

Klaus P. Fischer, geb. 1941 in Stuttgart, studierte Klassische Philologie, Philosophie und Theologie in Tübingen, Innsbruck, Paris und Frankfurt/M. Theologische Promotion und Habilitation am Institut Catholique de Paris bei Henri Bouillard SJ über die Anthropologie Karl Rahners ("Der Mensch als Geheimnis"). Mitglied des Oratoriums des hl. Philipp Neri in Heidelberg.

Langjährige Tätigkeit in Pastoral, Religionspädagogik, Klinik-Seelsorge, Erwachsenenbildung, Kirchl. Rundfunkarbeit u.a.m. Diverse Veröffentlichungen zu Themen des Glaubens und christlicher Welt-Anschauung, wie *Gott und Teufel, Gott und Schicksal, Schöpfung – Naturwissenschaft, Tod und Auferstehung, Eucharistie und Abendmahl, Mensch – Gott – Kirche, u.a.m.* Lehrbeauftragter für Katholische Theologie an der Evangelisch-Theologischen Fakultät der Universität Heidelberg.

Weitere Bücher von Klaus P. Fischer finden Sie hier: